「霊言現象《れいげん》」とは、あの世の霊存在の言葉を語り下ろす現象のことをいう。これは高度な悟《さと》りを開いた者に特有のものであり、「霊媒現象《れいばい》」(トランス状態になって意識を失い、霊が一方的にしゃべる現象)とは異なる。

なお、「霊言」は、あくまでも霊人の意見であり、幸福の科学グループとしての見解と矛盾《むじゅん》する内容を含《ふく》む場合がある点、付記しておきたい。

第1部

後藤《ごとう》健二《けんじ》氏への
スピリチュアル・インタビュー

二〇一五年二月二日　収録

東京都・幸福の科学　教祖殿《きょうそでん》　大悟館《たいごかん》にて

後藤健二《ごとうけんじ》（一九六七～二〇一五）

フリージャーナリスト。法政大学社会学部を卒業後、テレビ番組制作会社を経《へ》て映像通信会社を設立し、紛争地帯の取材を行う。アフリカ・シエラレオネの子供兵士を取材した、『ダイヤモンドより平和がほしい』で産経児童出版文化賞フジテレビ賞を受賞。一九九七年、キリスト教会で洗礼《せんれい》を受けた。

導師・審神者《さにわ》

大川隆法《おおかわりゅうほう》（幸福の科学グループ創始者兼《けん》総裁）

スピリチュアル・エキスパート

磯野将之《いそのまさゆき》（幸福の科学理事 兼 宗務《しゅうむ》本部海外伝道推進室長 兼 第一秘書局担当局長）

質問者

里村英一《さとむらえいいち》（幸福の科学専務理事（広報・マーケティング企画《きかく》担当））

綾織次郎《あやおりじろう》（幸福の科学上級理事 兼「ザ・リバティ」編集長）

［質問順。役職は収録時点のもの］

1 「イスラム国」日本人人質《ひとじち》事件被害者《ひがいしゃ》へのスピリチュアル・インタビューを行《おこな》う

幸福の科学・教祖殿《きょうそでん》に現れた後藤健二《ごとうけんじ》氏と湯川遥菜《ゆかわはるな》氏の霊《れい》

大川隆法　今は二月二日の午後ですが、昨日《きのう》、二月一日の午前から、後藤健二《ごとうけんじ》さん殺害の映像が、インターネットやテレビのニュースで流れていたようです。

私はできるだけニュースを観《み》ないように努力していたのですけれども、どうしても情報が入ってくるため、やはり霊的《れいてき》につながってきて、私のところに後藤さんの霊がやって来られました。

昨日も霊言《れいげん》収録の交渉《こうしょう》をだいぶされ、いちおうはお断りして、お帰りいただいたものの、今日もまた朝から来ておられる状況《じょうきょう》です。

一方、湯川遥菜《ゆかわはるな》さんが亡《な》くなったときには来なかったのですけれども、今日は、後藤さんが湯川さんも連れて、二人がかりで来られています。

ただ、この事件については、世界中に配信されていて、日本政府も怒《おこ》っているし、アメリカやイギリス、フランス等、世界の首脳も怒っているような状況です。

また、マスコミや世論《せろん》等も同様で、「『イスラム国』はテロ国家であり、許さない」といった論陣《ろんじん》が張られていますし、普段《ふだん》はそつのない答弁をなされる菅官房長官《すがかんぼう》のような人であっても、四十七士《しじゅうしちし》の討《う》ち入りでもやりかねないような雰囲気《ふんいき》が漂《ただよ》ってきています。

そのなかで私のほうは、先週の土曜日、一月三十一日の午前中に、「イスラム国」の指導者で「カリフ」を称《しょう》している方のスピリチュアル・メッセージ(『イスラム国〝カリフ〟バグダディ氏に直撃《ちょくげき》スピリチュアル・インタビュー』〈幸福の科学出版刊〉参照)を録《と》り、出版の予定を組んでいたわけですが、「二月三日火曜日が著者校正日、発刊が四日の水曜日」ということで、間《あいだ》があいたため、その間に、後藤さんたちの霊が入ってきてしまいました。

その際、「『イスラム国』の主張を一方的に出すのは、やはりおかしい。ジャーナリスティックに見ても中立ではない。こちらの言い分も言わせろ。向こうだけの宣伝になったらいけないのではないか」というような論法で言ってきて、何十分か、だいぶ揉《も》めたのです。

後藤さんや湯川さんは、当会における格付けとして、通常では霊言を出せるところまでは行っていないと思われます。

ただ、今回、人質《ひとじち》事件で長く拘束《こうそく》され、交渉材料にされて、日本国政府やヨルダン政府、その他、世界各国のマスコミを騒《さわ》がせるなど、「事件性が非常に高かった」という意味では「公人性」が出てしまったため、彼らのメッセージを出すこと自体は、プライバシーを超《こ》えて、意味のあることではないかと考えます。

本来は、遺族のことも考えれば、出さないほうがよいのではないかと思っていたの

『イスラム国〝カリフ〟バグダディ氏に直撃スピリチュアル・インタビュー』
（幸福の科学出版）

ですが、世界中から祈《いの》られたり、怒《いか》りが出たりと、いろいろなものがぶつかってきているので、何か言いたいことがあるというのも、多少分からなくもありません。

映画「想いのこし」のように、亡《な》くなった彼らの言い分を訊《き》く

大川隆法　さて、どうでしょうか。ジャーナリスティックな観点からすれば、彼らが「意見を言いたい」と言うのであれば、多少は聞かざるをえないでしょうか。まあ、聞かなければ帰らないだろうと思うので、何か言わせたほうが帰ってもらえるでしょう。

里村　はい。

大川隆法　「私は〝東京タワー〟か、それとも〝放送局〟か」という感じが若干《じゃっかん》しないわけでもありませんが（苦笑）、彼らはテレビに出られないし、肉親のところへ行

ってもメッセージを伝えられないので、本当に映画「想いのこし」（二〇一四年公開）のようなもので、「何か言いたい」という人からの〝お返事〟といったところでしょうか。

里村　はい。

大川隆法　ジャーナリスティックに言えば、「向こうの様子はどうだったか」ということを、取材して訊《き》くこともできるかとは思います。

（バグダディ氏の霊言で）若干、「イスラム国」寄りの考えを言っているように取れるところもあるようなので、反対の意見も言いたいということです。

ただ、これが外部に出せるようなものになるかどうかは、分からない部分があります。まだ、多少動揺《どうよう》、動転しているし、冷静とは言いかねる面があるので、内容的に出してよいものであるかどうかはチェックが要《い》るでしょう。

ただ、家族、政府、マスコミ、すべてが感情的になっていて、聞く耳を持っていないと思われるので駄目《だめ》かもしれませんが、少なくとも、当会の内部ぐらいには知らせることができるでしょう。

死後の世界を認めない人にとって、「彼ら、殺された側の人たちが、どのような感じで思っているか」ということは、よく分からないことでもあろうかとは思いますけれども、私のほうは〝距離《きょり》〟が関係ないため、すぐに同通するわけです。

しかし、本来ならば「霊言を出さない人たち」が対象なので、申し訳ありませんが、今日は「弟子《でし》のスピリチュアル・エキスパート」を使わせていただこうかと思っています。

ジャーナリスト・後藤健二氏の霊を招霊《しょうれい》する

大川隆法　（スピリチュアル・エキスパートに向かって）では、二人のうちのどちらから行きますか。

磯野　後藤さんを……。

大川隆法　後藤さんですか？　後藤さんのほうが念が強いのですけれども、いいですか。こちらの人のほうが、湯川さんよりも数倍は強いでしょう。湯川さんのほうが、ややおとなしいのですが……。

では、行きましょうか。

私が霊言をするのは、ちょっと忍《しの》びない部分があります。ある意味では、政府等に対する批判も出る可能性があると思います。

そういうわけで、（磯野に）代弁していただきましょうか。

里村　はい。

大川隆法　後藤さんにやや〝ウェイト〟があると思います。湯川さんのほうが声は小さいようで、やむをえないと思っている面があるようですが、後藤さんのほうは、ちょっと悔《くや》しかった面があったような感じなのです。

私としては、「事件で殺された方を利用して、『有名になりたい』『商売したい』」といった気持ちなどは、まったくありません。あくまでも、亡くなった方が「意見を言いたい」と言い続けるので、その気持ちを多少なりとも安らがせる意味でも、大事であると考えているわけです。

世界には、宗教者も含《ふく》めて、彼らの冥福《めいふく》を祈っている方が大勢いると思いますけれども、残念ながら、成仏《じょうぶつ》させる力を持っていないでしょう。今、それができるところは当会しかありません。

言いたいことを言わせたあとであれば、成仏させられる可能性もありますので、とりあえず言ってもらおうかと思います。

それでは、後藤さんを招霊してみましょう。あまり長すぎてもいけないとは思いますが、ジャーナリスティックに訊くべきことがあれば訊いてください。

私のところでは、彼らと意識が同通しないようにするため、秘書が、昨日や今日の新聞のすべての顔写真に張り紙を貼《は》っていたのですが、張り紙をしても、そんなものは効きはせず、やはり、こちらに霊が来てしまいました。

（磯野に）とりあえず、そちらに入れさせてもらいます。

それほど精神統一ができた状態ではないと思われるので、言葉は荒《あ》れるかもしれません。

里村　はい。

大川隆法　では、「イスラム国で殺害された」と報道されている後藤健二さんの霊よ、昨日から私のところに来ているはずです。

私のほうから霊言で伝えるのは、少し心苦しいところがありますので、当会のスピ

リチュアル・エキスパートのほうに入れ、言いたいことがあれば、お話しくだされば
と思います。
それでは、後藤さんの霊よ。後藤健二さんの霊よ。
どうか、目の前に座《すわ》っているスピリチュアル・エキスパートの体のほうに入ってく
ださい。

（約五秒間の沈黙《ちんもく》）

2 犠牲《ぎせい》になった悔《くや》しさと日本政府への批判

ひたすら「悔《くや》しさ」を訴《うった》える後藤健二氏の霊《れい》

後藤健二　（深く息を吸ってから）ふうう、ううう……（苦しそうに息を深く吐《は》く）。

里村　後藤健二さんでいらっしゃいますでしょうか。

後藤健二　（舌打ち）そうだよ！（舌打ち）

里村　本当に、今回はたいへん残念で悔《くや》しい結果になって……。

後藤健二　悔しい！（舌打ち）くっそ！（手を叩《たた》く）（舌打ち）くうう……。くうう

……。くううう……。

里村　私どもも、本当に残念なのでございますけれども。

後藤健二　（舌打ち）うう、うーん……（深く息を吸ってから、悔しそうに息を吐く）。

里村　今、世界中から、後藤さんの冥福《めいふく》を祈《いの》る、あるいは哀悼《あいとう》する方々の思いが出ているところでございます。

後藤健二　くっそおお！（舌打ち）

里村　今、「悔しい」とおっしゃっていましたが、何が悔しいのですか。

後藤健二　（舌打ち）ああん？　うるせえな！　くっそおお！　なんで俺《おれ》が殺される

んだよ！　くそぉ。

里村　「イスラム国」のほうに行かれたわけですけれども、まあ、シリアですね。ご自分から行動を起こされて、現地のほうに行かれたのですか。

後藤健二　そうだよ。

里村　生前、シリアのほうで、「何があっても、責任は自分にあります」と語ったビデオも撮《と》られていて、公開されています。それでも、今回の結果は予想外でしたか？

後藤健二　そりゃ、そうだろう。だって、本当は、これは政府がやるべきことだよ。なんで邦人《ほうじん》が海外にいてさ、拉致《らち》されて「殺すぞ」って脅《おど》されてんのに、何にもできねえんだよ！　おかしいだろう。

綾織　それは、「お金を払《はら》え」という意味なのですか。あるいは、「自衛隊が本当は助けるべきだ」ということなのですか。どちらなのでしょうか。

後藤健二　まあ、いろんな方法があると思うけど、なんで民間人の俺が命を張って行ってんのに、自衛隊が行かないんだよ！　おかしいじゃねえか。

里村　「自衛隊が出られない日本という国」が悔しい？

後藤健二　もう、何にもできない……。ほんと無能なやつら。ほんと許せねえな。

「『イスラム国』に喧嘩《けんか》を売った」と、安倍《あべ》総理への怒《いか》りをぶつける

里村　今、安倍《あべ》総理に対しては、率直《そっちょく》に言って、どういうお気持ちでございますか。安倍総理が目の前にいるとしたら、何を言いたいですか。

後藤健二　ほんとに殴《なぐ》ってやりたいね。ほんとに、「おまえが死ね！」と言ってやりたいよ。

綾織　今回、安倍総理はどうすべきだったと思いますか。

後藤健二　だいたいさ、俺たちが人質《ひとじち》になってるのを知っててだよ。わざわざ、あんな刺激《しげき》することを言うか、普通《ふつう》？「イスラム国」に対して、喧嘩《けんか》を売るようなことを言いやがって。俺たちが殺されることぐらい分かってたんだろう？分かっててやってんだって。おかしいだろうが（注。二〇一五年一月十七日、安倍総理はエジプトのカイロで演説し、「『イスラム国』と戦う周辺各国に、総額で二億ドル程度、支援《しえん》を約束する」旨《むね》を宣言した）。

綾織　周辺国に対する資金的な支援表明ですね。これがよくなかったと？

後藤健二　いや、もう、明らかに声明のなかで、「『イスラム国』に対して」って言ってるんだから、もう喧嘩を売ってるんだろうよ。

里村　それは言葉の使い方、説明が悪かったということですか。

後藤健二　違《ちが》うよ。安倍はね、心のなかで、「欧米《おうべい》と一緒《いっしょ》に『イスラム国』を退治する」というのは決めてたんだよ。だから、もう、言葉尻《じり》の問題じゃないんだよ。最初からやってる。あれは運命だったんだよ、たぶん。

「イスラム国」の領域内に入った理由とは

里村　今回、後藤さんご本人としては、「イスラム国」をどうしたいと思って現地に行かれたわけですか。

後藤健二　まあ、俺は……、難しいことはよく分かんねえけどさ。まあ、捕《と》らえられてた湯川遥菜《ゆかわはるな》さんは本当にかわいそうだと思ったよ。「助けたい」と思ったんだよ、本当に……。

綾織　本当に湯川さんを助ける目的で、「イスラム国」の領域内に入っていったと？

後藤健二　そうだよ。そうじゃなきゃ行く意味がないだろう？

里村　でも、なぜ、後藤さんが湯川さんの救出に行かれたのですか。

後藤健二　だって、ほかに行くやつはいないじゃないか。国も全然動かない。もう、去年の夏の段階から捕らえられてるのは分かってたんだろう？　八月から。

綾織　そうですね。

後藤健二　なのに、なんで、何にも動かないんだよ。

綾織　ただ、一人で「イスラム国」に入っていったら、ご自身も危険な目に遭《あ》うということは分かりますよね。

後藤健二　それは承知してた。知ってたよ。

綾織　それはジャーナリストとして、ある意味、一線を越《こ》えているところになるわけですけれども、そのように行動させたものは何なのですか。やはり、「助けたい」という気持ちが強かったのですか。

後藤健二　何て言うかな、もう、ほんとに、うーん……。もう、「やむにやまれぬ」っていうか。

里村　それは、「ジャーナリスト魂《だましい》」ですか。それとも、別のところから来る動機ですか。

後藤健二　まあ、もちろん、ジャーナリストとしても、「いったい、『イスラム国』で何が起きてるのか。シリアで何が起きてるのか」っていうのを伝えなきゃいけないっていうのはある。

特に、私が生涯《しょうがい》かけてやってきたことだが、戦争とか、紛争《ふんそう》とか、そういうところで苦しんでる人たちを、何とか助けたいっていう思いがずっとあったんだよ。そういう紛争のなかで本当に苦しんでる人たちの真実を、日本だけじゃなくて、世界に伝えなきゃいけないっていうふうにも思ってたし、それ以上に、やっぱり同じ人間として、同胞《どうほう》が苦しんでるんだったら、やっぱり、「助けてやりたい」って思うじゃないか。

「邦人《ほうじん》が捕《と》らえられたら、武力を行使《こうし》してでも救うべきだ」

綾織　となると、去年の夏から湯川さんが拘束《こうそく》されているわけですから、日本政府として動くべきだった？　その救出に動くべきだったと？

後藤健二　そりゃそうだよ。安倍はあんだけ威勢《いせい》のいいことを言ってさ、「積極的平和外交」とかさ、「地球を俯瞰《ふかん》する外交」とか、結構なことをのたまってるけど、全然、実が伴《ともな》ってないじゃねえかよ。ほんとに口先ばっかりで。

綾織　これは、普通の国というか、アメリカやヨーロッパの国であれば、「軍隊を派《は》遣《けん》する」ということがありうるわけですが、それをやるべきだったと？

後藤健二　そら、当然だろう！　当然だよ。当然だよ。
そこまで言うんだったら……、あそこまで「イスラム国」に対して言うんだったら、ちゃんと、その結果に対して責任を取らなきゃいけない。邦人《ほうじん》が捕《と》らえられてるんだったら、武力を行使してでも救わなきゃいけない。それだけの覚悟《かくご》がないんだったら、あんなことを言っちゃいけないんだよ。

安倍《あべ》総理の「痛恨《つうこん》の極《きわ》み」というコメントに対する憤《いきどお》り

里村　今回、最悪の結果になって、私《わたくし》たちもたいへん残念なのですけれども、これに対して安倍《あべ》総理が、昨日《きのう》、そして今日も、「痛恨《つうこん》の極《きわ》みである」というコメントを……。

後藤健二　もう信じられないね、ほんとに。偽善者《ぎぜんしゃ》が！

里村　では、安倍総理は何と言うべきか。あるいは、今、どう動くべきだと思われますか。

後藤健二　もう「謝罪しろ」って、ほんとに。

里村　その謝罪は誰《だれ》に？　どこに向けて？

後藤健二　まあ、私や湯川さん、あと遺《のこ》された家族たち。日本国民に対してだな。全員に対してだ、ほんとに。もう「腹を切れ」って！

里村　その謝罪のいちばんのポイントは、やはり救出のための行動をとらなかったことですか。

後藤健二　そうだよ。ほんとにさ……。

連日、日本のテレビでは、毎回、「断固、非難する」とか、安倍もそうだし、あと、菅《すが》の野郎《やろう》も言ってやがったけどさ。一切《いっさい》の情報を漏《も》らさないで、結局、何にもやってなかったんだよ。現地のヨルダンで、国王とか、政府当局者たちと、いろいろやり取りはしてたみたいだけどさ。結局、肝心《かんじん》のところではさ、何もできないんだよ、あいつら。ほんとに。

綾織　素朴《そぼく》な疑問なのですが、あなたご自身は、生前、「日本は軍事的な実行力を持つべきではない」というスタンスの側にあったと聞いているのですが、それは変わったのですか。

後藤健二　それは実際に、あなたが捕らえられてみな？　あなたがさ、もしイスラム国で捕らえられた場合、やっぱり「助けてほしい」って思うだろうがよ！

綾織　そうですね。

十分注意していたつもりだったが「ガイドに裏切られた」

里村　「イスラム国」側での扱《あつか》いというのは、どんな感じだったのですか。

後藤健二　まあ、俺も、去年入って……。くそーっ。ガイドの野郎も、ほんと騙《だま》しやがって。くそぉ……。

綾織　ガイドに裏切られたわけですね。

後藤健二　くそお。ほんと悔しいよ……。

綾織　では、ガイドに連れられて、「イスラム国」に入ったわけですが、その人は「イスラム国」側と結託《けったく》していたと？

後藤健二　そうだな。私もシリアに初めて入るわけじゃないから、十分危険だっていうのも分かってたし、「どういうやつが信用してよくて、どういうやつが危ないか」っていうのは、十分注意してたつもりではあったんだけど、それでも裏をかかれて……。

里村　やはり、自信があったわけですよね？

後藤健二　自信はねえよ。

里村　自信はなかった？

後藤健二　十分危険だっていうのは分かってた。「身に危険が及《およ》ぶ」っていうのも分かってた。だから、ある意味、ダイイング・メッセージ（亡くなる直前のメッセージ）的な感じで、あのビデオを撮ったんだよ。「全責任は私にある。だから、何があっても、シリアの人たちを責めないでくれ」ということを言ったんだよ。「ほんとに、もう死ぬかもしれない。ほんとに、もう命はない」という覚悟で行ってるんだよ。

安倍《あべ》総理の「中東四カ国歴訪」に対する〝深読み〟

綾織　拘束されたあと、「イスラム国」側からは何を言われましたか。

後藤健二　もちろん、「家族に対して身代金《みのしろきん》の要求をした」とかいうのは言ってた。まあ、「十億（円）かなんか要求した」って言ってたけど、何の返答もない。「イスラム国」のやつらも、「俺をどう使うか」っていうのは、ずっと、いろいろ考えてたみたいだな。最初は、やっぱり身代金要求で考えてたけど、待っても、全然動かない。

ちょうど、安倍《あべ》が一月の下旬《げじゅん》か？　中東四カ国を歴訪したけど、エジプトであいう声明を出した。あれを見て、「しめた」って思ったんだよ、あいつらは。この言葉尻を捉《とら》えて、「今、この捕らえてる日本人二人を殺害するぞ」というふうに言えば、もう世界的なニュースになって、『「イスラム国」』に一気に注目が集まる」というのを狙《ねら》って出したんだよ、あれを。

里村　そうしますと、今、国会周辺では、「この時期に、安倍さんが中東を歴訪したというタイミングそのものが悪かった」と批判する声もあるのですが、後藤さんも同じ考えと捉えてよろしいですか。

後藤健二　だいたい、なんで、今の時期に行く必要があるんだよ、一月に。国会が始まるんだろう？　予算案とか、いっぱい通さなきゃいけないんだろうし。

そういう、ほんと重要なときにさ、「なんでわざわざ行ったか」って〝深読み〟をすればだよ、俺らが捕らえられてるのを知ってた。で、中東に行って、ああいうメッセージを出せばこうなるというのを知ってた。で、俺ら二人を犠牲《ぎせい》にすることによって世論《よろん》を沸《わ》かせようとした。まあ、こんなふうな〝深読み〟をしてしまうなあ。

綾織　そこまでとは思えないところがあるんですけれども……。

3 「イスラム国」の現在の状況《じょうきょう》について訊《き》く

「拘束《こうそく》されているときの状況《じょうきょう》」について語る

綾織　少し話は戻《もど》るのですが、実際に捕《と》らえられている期間に、先ほど言ったような話をされていた相手というのは、どういう人ですか。誰《だれ》が出てきていましたか。

後藤健二　まあ、イスラム国の英語をしゃべれるやつらだよね。ちょっと、「具体的に誰か」っていうのは分かんない。まあ、あのビデオで一緒《いっしょ》に出てきたやつ（ジハーディ・ジョン）も、ときどき出てくるけど、ほかのやつと接することが多かったな。

綾織　バグダディ氏そのものが出てきたことは……。

後藤健二　いや、バグダディとは会ってない。

綾織　ああ、そうですか。実際に、「イスラム国」の今の状況《じょうきょう》なのですが、かなり空《くう》爆《ばく》をされていて、それが「二千回」と言われています。実際に後藤さんがいらっしゃったところにも、空爆があったのでしょうか。

後藤健二　まあ、けっこう、やつらは居所《いどころ》をつかまれないように転々と移動してるんだよな。

だから、「近くに空爆される」っていうことはあって、なんか、すっげえ、ドーンッて大きな音があるから。しかも、昼夜問わずやってるから、「何が起きてるのか」って、一切《いっさい》分からないんだけど。まあ、幸いにして、空爆で死ぬってことはなかったけどな。

里村　そうすると、あちこちに移動されました？　何カ所か。

後藤健二　ああ、ちょっと、どこへ行ってるのかは分かんないけど、移動してた。

里村　拘束《こうそく》されている、つまり、人質《ひとじち》になっている方たちは、どれくらいいたのですか。

後藤健二　けっこう、外国人のジャーナリストが多いよ。あとシリアとか。もちろんヨルダンのパイロットもそうだったけど、けっこう同じイスラム教徒なのに、なんでか知らないけど、人質がけっこう多かったよ。

綾織　ヨルダン軍のパイロットも同じところにいたのですか。

後藤健二　うーん、まあ、会ったことはあるけど、なんか途中《とちゅう》からいなくなったかなあ。

里村　ほお。同じ部屋に押し込《おこ》められていたような話が、いろいろと伝わってきていますが、やはり、そういう状態でしたか。

後藤健二　そうだな、何て言うんだろう。ぎゅうぎゅう詰《づ》めにされてて、「一歩も出るな」という感じで見られてたね。

今、「イスラム国」は苦境に立たされているのか

綾織　そうした空爆の影響《えいきょう》で製油所なども破壊《はかい》されて、「イスラム国」としては、「夏以降、かなり資金的に苦しくなっていった」ということがあったわけですけれども……。

後藤健二　（舌打ち）ああ、それはあったみたいだね。うん。

綾織　そういう苦境にある状況について、何か分かるようなものはあったのでしょうか。

後藤健二　けっこう、「イスラム国」っていっても、いろんな国からも来てる。ヨーロッパのほうからも来てるし、もちろん中東のなかでは、イラク、シリアを中心にいるけど、まあ、ほんとに、純粋《じゅんすい》にイスラムの国家、カリフ国家をつくろうとしてやってるっていうやつも一部いる。

でも、多くの外国人の傭兵《ようへい》たちとかは、どっちかっていえば、何て言うんだろうな……。ヨーロッパにいても、例えばフランスとか、ドイツとか、そういう国とかにいても、イスラム教徒っていうのは、やっぱり肩身《かたみ》がすごく狭《せま》いんだよな。社会的にも、すごく抑圧《よくあつ》されてるし。だから、不満とか、そういうものをすっごく持ってて、すごくえぐれてるんだよ、あいつら。それで、「スカッとしたい」みたいなのもあって。あと、「自分たちはもともと中東の出身だ」っていうのもあって、それで、「イスラム国」っていうところに集まってきてるんだけど。

だから、やつらの場合は、ほんとにストレスじゃないけど、そういう不満のはけ口にしたいというところもあるし。

あと、ジャーナリスト、マスコミとかでも言われてるけど、やっぱり、「金になる」っていうところはあったんだけど……。

確かに、空爆とか……。クルド人とかは、イラク、シリアとかにけっこう攻《せ》め込んできてて、重要な油田《ゆでん》とか、施設《しせつ》とか奪《うば》われて、兵站《へいたん》的にはどうだろうな……。ちょっと全体は分かんないけど、去年の夏とかに、シリアに入ってたときと比べれば、けっこう危ないよ、あいつらは。

「イスラム国」の実態についてどう思うか

里村　なるほど。さすがに、ジャーナリスティックにご覧になっていると思いました。湯川さんを助けに入って、そういう「イスラム国」の実態もご覧になったわけですが、後藤さんとしては、「イスラム国」について、犯罪者の集団なのか、あるいは、一部にはイスラムの大義、純粋なイスラムの復活運動や復興運動のようなものもあるとご覧になっているのですか。

後藤健二　まあ、ほんと「過激派」だよなあ、イスラムのなかでも。もうほんとに。まあ、俺《おれ》も中東とかでは、けっこういろんな国に入ってるから、イスラムに対する偏見《へんけん》はあんまりないんだよ。まあ、自分自身の信仰《しんこう》としては、キリスト教徒だから、違《ちが》うんだけど。

イスラム教徒全員が、キリスト教の敵だとか、あるいは、日本を含《ふく》めた先進国の敵だっていうふうには思ってないんだけど、ただ、やつら（イスラム国）は、やっぱり、ちょっと過激すぎるよね。あんなふうに人を捕らえて首をはねるなんて、日本でもやってないのに、いったい何百年前のことをやってんだよって思うよね。

綾織　あなたご自身は、今回の「イスラム国」の一連の行動自体は、悪いことであると考えられるわけですね？

後藤健二　もちろん、人を拉致《らち》して殺したりするとか、あるいは、ああいうふうにYouTube《ユーチューブ》とか、ツイッターとか、そういうネットを大々的に使ってやるっていうやり方自体は、やっぱり卑劣《ひれつ》だと思うよ。ほんとに卑劣だと思う。

ただ、実際に現地……、つまり、「イスラム国」だけじゃなくて、シリアとか、パレスチナとかに入って、そこにいるイスラム教徒とかを見ると、イスラエルとか、欧《おう》米《べい》の攻撃《こうげき》に対して、何て言うんだろうな……。近代兵器で攻《せ》められてきてるのに、石とか、弓矢とか、そういう原始的な武器で戦ってるみたいなもので、もうどうしようもないと。「まともに戦ったら、絶対に勝てない」っていうのが分かってて、それで、ああいう自爆テロをしたりとか、あるいは、今回みたいな手口を使って、自分たちの声を世界に届けようとしたっていうところについては、まあ、ジャーナリストとしての立場から言えば、若干《じゃっかん》、理解できないでもない。

里村　なるほど。

後藤健二　ただ、「実際に、自分がその被害者《ひがいしゃ》になった。犠牲者《ぎせいしゃ》になった」っていうことに対しては、悔《くや》しいものがあるんだよね。

4 「イスラム国」の今後について思うこと

『イスラム国』は平和裡《り》になくなってほしい」

綾織　ジャーナリストとして、実際に「イスラム国」のなかを見てきた人というのは数少ないわけですが、それを見られた立場から、今後、「イスラム国」はどうあるべきかについて、何か言えることはありますか。

後藤健二　まあ、これはジャーナリストとしてではなくて、一人の人間としてですが、捕《と》らわれている外国人のジャーナリストや人質《ひとじち》は、やっぱり解放してやるべきだよ。ほんとかわいそうだよ。家族たちが、どんな思いをして待ってるか……。

今回、俺《おれ》たち二人が殺されたけども、そのために、俺の家族だけじゃなくて、ほんとに多くの友人とか、知人たちとか……、（涙《なみだ》ぐみながら）あと日本の国民のみなさんが、俺たちが助かるようにって祈《いの》ってくださったのを見てて、もう胸が張り裂《さ》けそうっていうか……、ほんとにいたたまれないから、もうこれ以上、こんな犠牲者《ぎせいしゃ》が出てこないように、返してやってほしい。

里村　後藤さんの殺害が明らかになってきてから、多くのジャーナリストの友人や、周りの方々が、「後藤さんは非常に立派な方だ」と言っています。また、後藤さんのお兄様も、救出のために一生懸命《いっしょうけんめい》動いてくれた方々への感謝の言葉をきちんと口にされていて、ご立派だと思いました。

ただ、今の後藤さんのご心境からすると、「『イスラム国』は早く潰《つぶ》れるべきだ」と思われますか。

後藤健二　まあ、平和裡《り》になくなってほしいね。今回、「イスラム国」が大きくなった原因は、やっぱりアメリカの撤退《てったい》だろう？　前の湾岸《わんがん》戦争、それからイラク戦争、そして、この間のシリア攻撃《こうげき》とかあったけど、結局、暴力で暴力は終わんねえんだよ、ほんとに、この連鎖《れんさ》って、「憎《にく》しみの連鎖」っていうか……。

だから、それが違《ちが》うかたちで平和裡に終わってほしい。イスラム教徒を憎んじゃいないけど。彼らにも彼らの信仰《しんこう》があるし、彼らにも彼らの家族があって、彼らの幸福があるわけだから。それを平和裡に、ほかの宗教とか、ほかの民族とかの人たちと調和してやっていってほしいと思うよ。ほんとに。

里村　なるほど。

「国として『テロには屈《くっ》しない』という立場は理解できる」

里村　日本では、安倍《あべ》総理、あるいは、日本政府から、「テロに対しては、断固として屈《くっ》しない。そして、戦っていく」という意思表示がなされています。

それについては、いろいろな戦い方はあるものの、そうした意思表示がなされており、国際社会でも、「『イスラム国』を断固として叩《たた》くべきである」という話は出ています。

これは、多分に、軍事的な力も含《ふく》めての話ですけれども、これに関しては、「あまり賛成ではない」ということですか？

後藤健二　いや、その立場は理解できるよ。「国として、そんなテロに屈しない」っていう。そこを曲げてはいけないのでね。

やっぱり、そこを曲げてしまったら、もう世界中の至るところでテロが起きて、本当に危険が広がるから、「それを抑《おさ》える」っていう意味でも、「テロには断固、屈しない」っていうメッセージを発することは大事だと思う、それは国として。

日本は「イスラム国」の問題に対して何ができるのか

綾織　一方で、「今までずっと（イスラム過激派と）対立してきたアメリカと必ずしも完全に一体とならずに、日本で独自に何かできることがある」という考え方もあると思うのですけれども、それについては、何かお考えはありますか。

後藤健二　まあ、「安倍の嘘《うそ》つき」って、さっき言ってしまったから、少し言いすぎたかなあとは思うけど……。何て言うんだろうなあ、本当に、日本は、そんなアメリカとか、ヨーロッパの国と違って、「武力で解決する」っていう立場を取る必要はないと思うんだよ。

やっぱり、戦後七十年かけて、日本は本当に、経済的に、あるいは、そういう人道支援《しえん》を通して、世界に対して貢献《こうけん》してきたわけだから、それを推《お》し進めるべきで、そういう点においては、安倍が言ってることは、そのとおりではあるんだけれども、何て言うんだろうなあ……。

まあ、政府に対して言いたいのは、もっと、うーん……、なんか、外務省のやつらも、結局、普段《ふだん》からのルート、コネができてなかったから、こういう非常事態が起きたときに、動けなかったんだと思うんだけど。やっぱり、もっともっと、そういう「国対国」っていうだけではなくて、「民間レベルというか、草の根レベルで、人と人とが触《ふ》れ合う」っていうつながりがないと、本当に、世界で困ってる人たちを助けることはできないと思うから……。

里村　そうした話については、政府系の人のなかでも、例えば、「宗教というパイプを、日本という国は本当に大切にしない」とおっしゃる方もいるわけですけれども、そういうことでしょうか。

後藤健二　まあ、それもあるねえ。やっぱり、日本人の宗教音痴《おんち》は少し異常だね、世界から見れば。

自分たちが、「日本」っていう島国のなかで言ってる分には、全然構わないかもしれないけど、世界に行けば、もう信仰を持ってる人なんて、いっくらでもいるし、お互《たが》いの宗教を理解できなければ、その国の人たちを理解することはできないので、やっぱり、日本人の、この宗教音痴は何とかしないといけないんじゃないか。

そういう意味では、もう、あんたたち、もっと頑張《がんば》れよ。

里村　はい。それは、もう本当におっしゃるとおりだと思いますし、同感もいたします。

宗教や宗派《しゅうは》の違《ちが》いによる「中東問題」をどう見ているのか

里村　ただ、今、「世界中の人が宗教を持っている」とおっしゃったように、まさに、この「中東の問題」というのは、「ユダヤ教、キリスト教」と「イスラム教」とのぶつかりのなかで起きている面もございまして、「お互いの宗教を認めることができない」というところで戦いが続いているのですけれども、このへんについては、後藤さんはどう考えられますか。

後藤健二　まあ、難しい問題だと思うよ。一ジャーナリストの立場としては、そこまで宗教について言及《げんきゅう》するのは少し難しいんだけど……、いや、本当に複雑だよな。本当に、「同じ宗教、同じイスラム教徒同士なのに、なんで、こうやって殺し合うんだろう」って思うし、ちょっとよく分からない。

分からないけど……、そこに苦しんでる人たち、苦しんでる子供たち、あるいは、女性とかいたら、やっぱり、もう本当に、そういう宗派《しゅうは》の違《ちが》いとかを超《こ》えて、なんか「お互いに助け合ったりできないのかな。お互いに理解し合えないのかな」っていうのは思うよ。

里村　でも、後藤さんは、「キリスト教の信仰はお持ちでいらっしゃった」という……。

後藤健二　うーん。

里村　しかし、「イスラム教に対しても、そういう理解はある」と……。

後藤健二　それは、あるよ。ていうかね、何て言うんだろう？　もう、ああいう状況《じょうきょう》になると、「自分はキリスト教徒だから。相手はイスラム教徒だから」っていうのを、なんか超えるんだよね。本当に、一人の「人間」と「人間」？

里村　うん。

後藤健二　やっぱり、目の前で苦しんでいる人とかを見てると、「この人は、イスラム教徒だから助けない」とか、「もう憎い」とかいうのがないんだよ。

本当に苦しんでいる人を見たら、そんな「宗教」とか、あるいは、「民族」とかは関係なく、「助けてやりたい」って思うのが、本当の人間の姿じゃないかなって思う。

里村　はい。素晴《すば》らしいお考えだと思います。

5 人質《ひとじち》事件発生の原因を探究する

「バグダディ氏の霊言《れいげん》」に対する「後藤健二氏の言い分」とは

里村　であれば、冒頭《ぼうとう》に、大川隆法総裁から、少し説明があったのですけれども、一昨日《いっさくじつ》（二〇一五年一月三十一日）の土曜日に、「イスラム国のカリフ、バグダディ氏の霊言《れいげん》（本人および守護霊《しゅごれい》の意識をリーディングして語ったもの）」が、幸福の科学で収録されました。

後藤健二　ああ、聞いてる、なんか。

里村　これを一方的に出すのは……、つまり、「そうしたテロリストというか、過激派グループの言い分を一方的に出すのは、非常に危ないと思う。いけない」と……。

後藤健二　それは、ジャーナリスティックに考えてフェアじゃないだろう。

里村　ほう。ということで、（後藤さんから）「自分の意見も一緒《いっしょ》に出すべきだ」というお話があったとのことでした。

では、それが一方的だということであれば、バグダディ氏の言い分とはまた違《ちが》う、「後藤さんのお考え」として、今回、いったい何をおっしゃりたいのでしょうか。

後藤健二　まあ、死んだばっかり、殺されたばっかりで、少し悩乱《のうらん》してるかもしれないけど、「悔《くや》しい」っていうこと……。

それから、やっぱり、遺《のこ》された家族、特に、まだ生まれたばっかりの娘《むすめ》とか……。（言葉を詰《つ》まらせる）ほんっとに……、日本に帰って……、（泣きながら）抱《だ》っこしてやりたかったんだよ、本当に……。娘たちのことも、気がかりだし……。

日本人ジャーナリストとして「油断」「慢心《まんしん》」はなかったのか

大川隆法　厳しいことを言うようですが、あなたには、「武士道精神」は、少しはないのですか？　そうした死地に向かうときに、覚悟《かくご》をして入っている以上、「そのように、いろいろと言うことは恥《は》ずかしい」という気持ちはありませんか？

後藤健二　入るときは、もう、そういう覚悟だったんだけど……。

大川隆法　それで、政府を含《ふく》め大勢の人が、もう夜も眠《ねむ》れずに交渉《こうしょう》に走り回っていたことに対して、「すまない」とか、「感謝の念」とかは、ありませんか？

後藤健二　いや、それは感じてるよ。本当に、連日、「政府の人たち、まあ、現地でも、政府関係者から、ジャーナリストの人たち、家族とか、夜となく昼となく、安全を祈《いの》ってくださってた」っていうのは感じているよ。

大川隆法　油断は、ありませんでしたか？　「ジャーナリストは一種の聖職みたいなもの、赤十字みたいなもので、中立であって、戦地から被害《ひがい》を報道したりしているから安全だし、また、日本は中立で、武力行使しないから大丈夫《だいじょうぶ》だ」というような油断はなかったのですか？

後藤健二　まあ、「まったくなかったか」って言われたら、少しはあった。やっぱり、少しの隙《すき》はあった。

里村　その隙というのは、どういう点ですか？　やはり、「自分も大丈夫だ。ジャーナリストは守られてるはずだ」と……。

後藤健二　そうだな。まあ、一回、私自身も、別のところだけど、捕《と》らえられたことはあったけども、一日で解放されてるし、ほかにも、イスラム国であったとしても、トルコ人とかけっこう釈放《しゃくほう》されたケースはあったから、いちおう入るときには、「もし、何かあっても」っていう覚悟はしてたつもりであっても、「万一《まんいつ》、捕《つか》まっても、何とか助かるだろう」というように思ってたところは、正直あった。

大川隆法　「戦場ジャーナリストとして日本一だ」というような、うぬぼれはなかったのですか？

後藤健二　うーん、まあ、ほかの日本人のジャーナリストに比べて、「戦地に入ってる回数」っていう面では経験は多かったし、「そういう面では、ほかの日本人よりかは知ってる」っていう自負はあった。

里村　そうした自負が、結局、「湯川さんを自分が救いに行かなくては」という……、ある意味で、言葉は少し厳しいかもしれませんが、ややスタンドプレー的な行動に走らせた部分もあったのでしょうか。

後藤健二　うーん……、そうだな、うーん……、まあ、確かに「ジャーナリストとしては分を超《こ》えた」とは思う。

里村　はい。

ジャーナリストとしての「覚悟《かくご》」はどれほどあったのか

大川隆法　私は、日本政府や、それから、外国の政府、大統領等がイスラム国を「テロリスト」と一方的に断罪してくることが、フェアなのかどうかに対しては、一定の疑問を持っていないわけではないのです。彼らにも、「国を建てよう」という気持ちがあるような気はするので、「少しどうかな」という気は、することはするのです。

もし、あなたのほうも、そのように思っているのであれば、メッセージを送るときにも、日本の国民に対して、「断固、テロに屈《くっ》する必要はありません。私の命など惜《お》しくないから、拒否《きょひ》してください」と、なぜ言わないのですか？

後藤健二　いやいや、それは無理だよ。無理だよ、無理だよ。

だって、自分の意見は言えないんだよ。言おうとしたら、殺されるんだよ。

大川隆法　逆に言えば、「お金を払《はら》いたくないのなら、安倍《あべ》さんが身代わりに来てください」と、なぜ言わないのですか？　安倍さんに対しては、日本政府はお金を払うかどうか、見たいところですね。

惜しいので一円も払わないかもしれません。「一円も払いたくない。テロに屈したくないから安倍さんにも払いたくない」と言うかどうかは、見たかったですね。

もし、「安倍さんには払うのに、自分に払わない」というのであれば、そこに腹が立つのではないですか？

後藤健二　まあ、ただ、一国の首相が、そんな人質交換《ひとじちこうかん》……。

大川隆法　それはありますよ。政府高官などが身代わりに。

里村　はい。かつても、そういう身代わりの事例がありました。

大川隆法　あるいは、引退した首相などでも、例えば、小泉純一郎《こいずみじゅんいちろう》さんのように、もはや、することがない人たちはたくさんいますから、身代わりに行ってもらって、スタンドプレーをやってもらうことだって、あるかもしれませんからね。

後藤健二　まあ、私に自由はなかったんだよ、あの状況下《じょうきょうか》では。イスラム国のスポークスマン的に、彼らの要求を伝えるだけだったんだよ。

里村　ただ、もちろん、これは、私たちの立場から言うのは少し厳しいのですけれども、やはり、本来、ジャーナリストとして覚悟《かくご》を持って現地に入るべきだったのに、その部分が少し足りなかった？

後藤健二　うーん……。

大川隆法　ある意味では、日本を含め、世界を振《ふ》り回したわけですからね。

後藤健二　うーん……。

大川隆法　ですから、「北極で遭難《そうなん》して、みんなが捜索隊《そうさくたい》を出した」という話とは、少し事案は違うと思いますよ。これは、「ワールド・ジャスティス（世界正義）」をめぐっての戦いですからね。

後藤健二　まあ、確かに、冷静に考えれば、そうなのかもしれないけど、うーん、そうだなあ……、行きすぎたのか……。

大川隆法　少なくとも、ご自宅に対して、もはや、「身代金《みのしろきん》を払え」という要求は、向こうから来ていたわけですから、安倍さんとしては、何らかの解決を図《はか》ろうとして、他国にお願いして回った可能性はあるでしょうね。お金を払ってでも、「何とか協力してもらえないか」というつもりだったかもしれないです。

ただ、結果的には裏目に出たのかもしれません。その額が大きかったために、向こうを余計刺激《しげき》してしまったかもしれないです。

本当に、十億円ぐらいであれば、日本政府でも払ったかもしれませんが、金額が大きくなってしまいましたからね。

しかし、向こうから見ると、「イスラム国の年間収入は、五十億円とか、その程度しかないのではないか」と言われていますので、「(イスラム国対策として)二百何十億円も日本が払う」ということは、ものすごい、何年分もの戦争継続《けいぞく》費用を負担したようなものですから、「それに対して腹が立った」というのは、こちらが想像している以上のものがあったのかもしれません。

里村　はい。

「イスラム国」に対して何らかの「反論」はできなかったのか

大川隆法　向こうの、どの方が出たのかは知りませんが、多少、言い返すような面というか、こちらが反撃《はんげき》・反論するような面は、何かなかったのですか？

後藤健二　うん？　どういうこと？

里村　拘束《こうそく》されているときに……。

大川隆法　あなたのほうから、「おまえたちのやり方はおかしい」というようなことを、何か言えるようなことはなかったのですか？

後藤健二　いや、それは、言ってるほかの外国人のジャーナリストとか、いたよ。

「こういうやり方は本当に卑劣《ひれつ》だ」と。

里村　うん。

後藤健二　でも殺されたね。

里村　ああ、殺された？

大川隆法　うーん、それはそうでしょう。

里村　そうすると、「拘束中は、とても、そういうことを言う状況・環境《かんきょう》にはなかった」と？

後藤健二　まあ、言ったら、自分の命がないからね。

里村　ただ、私も知り合いのジャーナリストがいますが、本当に、ある意味で、「命と引き換《か》え」という感じのことを周囲の人に言って、現地に入っていかれたりしますけれども……。

後藤健二　うーん……。だから、何て言うんだろう。頭で考えてるのと、実際とは違うんだよ、やっぱり。

「日本のジャーナリズム自体を変えたい気持ち」はあった？

大川隆法　まあ、少し別の考えがあったのではないですか。日本のジャーナリストは、危険地帯にほとんど行かずに安全地帯にいますが、CNNや、BBCその他などは、けっこう戦地に赴《おもむ》いて、殺されている量も、かなりの数が出ているので、そのように日本もなりたかった面が少しあるのかなという気もします。

また、今も、朝日新聞のイスタンブール支局長がシリアに入ったために、外務省の側からは「行ってもらったら困る」というようなことを言っていると聞きましたが（注。一昨日の二〇一五年一月三十一日に判明）、そろそろ取材したくなってきてはいるのでしょう。

ですから、「日本のジャーナリズム自体を変えたい」という気持ちが、少しあったのではないですか。

後藤健二　まあ、それはあったね、やっぱり……。

里村　なるほど。

後藤健二　そんな、外国から伝えられる情報を伝えるだけじゃ不十分だと思うんだよ、本当に。世界で起きてることをその目で見て、その言葉で伝えなきゃ、やっぱり「真のジャーナリスト」とは言えないよ。

大川隆法　うん。

里村　湾岸《わんがん》戦争では、CNNだけが、バグダッドから、つまり、内側から取材しましたが、やはり、そうした行動に対して、「そうであらねばならない」という気持ちもあったわけですか？

後藤健二　まあ、そういう憧《あこが》れというか、やっぱり、「ジャーナリストたるもの、自分の命を賭《と》してでも真実を伝えなきゃいけない」っていうのはあったよ。

里村・綾織　はい。

後藤健二氏が「最後のレポート」として伝えたいこととは

綾織　であるならば、今も、こうした（「霊言《れいげん》」という）機会によって、語ることができているわけですから、「最後のレポート」として、何をあなたは、日本人、あるいは、世界の人に対して伝えますか？

後藤健二　うーん。

綾織　あるいは、「日本としての教訓」でも何でもいいのですけれども、今回の事件について……。

後藤健二　まず、家族たちに対して、あるいは日本の国民、また世界で私たちのことを祈ってくださってた人たちに対しては、本当にありがとうございます。本当に力不足ですみません。

それから、同じジャーナリストの仲間たちに対しては、（声を詰まらせながら）まあ、本当に無念で、無念だけど……、やっぱり、同じジャーナリストとして……、日本だけじゃなくて、もう「世界で起きてること」っていうのは、日本と直結してるから、今の時代。

だから、「世界で起きてる事件に対して、あるいは、事実・真実に対して、真摯《しんし》な目でもって、それを伝えなきゃいけない」っていうことを、同じ仲間たちには伝えたいと思う。

それから、「イスラム国」の人たちには……、さっきも言ったけど、ほんっと関係ない人たちは……、まあ、やつらからしたら、関係ない人たちはいないんだろうけど。どうか、今、捕らえてる人質たちを平和裡《り》に返してやってほしい。

それから、安倍総理に対しては、いったんルビコン川を渡《わた》るというか、本当に、「これまでの日本の戦後と別れを告げて、一国平和主義を抜《ぬ》け出して、世界に対して毅然《きぜん》とした国になろう」っていう一歩を踏《ふ》み出したのは、立派だとは思う。

ただ、それは、本当に重い重い、重ーいものが、使命が、その両肩《りょうかた》にかかってるから、身命《しんみょう》を賭《と》して、この日本を変えてほしい。

綾織　なるほど。今、まさに、「自衛隊が邦人《ほうじん》救出のために行動できるようにしよう」

ということで、法整備も行われようとしているわけですけれども、それを法律を変えるだけではなくて、「日本として、もうそれだけの覚悟を持って、やるべきだ」と……。

後藤健二　まあ、「法律を変える云々《うんぬん》」とか、「内閣の解釈を変える云々」じゃなくて、やっぱり、国民世論《よろん》を変えないと、国民の意識を変えないと、結局、変わらないんだよ。

綾織　うん、うん。

里村　その意識とは、どういうもので、何を、どのように変えるのですか。

後藤健二　だから、「憲法九条を守っていれば、日本は攻撃《こうげき》されない」、あるいは、「自衛隊を海外に派遣《はけん》しなければ、そういう海外の戦争とか、テロには巻き込《こ》まれない」、そういうのをずっと戦後、信じてきたわけだよ。
ただ、今回、「そうじゃない」っていうことが分かったわけだ。

6　予想以上の広がりを見せる、人質《ひとじち》事件の波紋《はもん》

「日本を交戦状態にしてしまった」ことへの自覚はあるのか

大川隆法　でも、少し言葉を挟《はさ》ませてもらいますが、あなたは、結果的には、人質《ひとじち》になって交渉《こうしょう》されて、殺害までされてしまったわけで、残念なのは分かります。

しかし、あなたは、どういうつもりで行ったのかは知りませんが、結果的には、「イスラム国」側から見れば、もう日本に対して〝宣戦布告〟した状態、〝交戦状態〟に入っているわけですよ。もし向こうが国家であるとすればですね。

日本と「イスラム国」は交戦状態になっていて、もう、海外の日本大使館を含《ふく》め、在外公館等は全部、危機対応態勢に入っており、イスラム国以外の、ほかの外国のイスラム世界等で、日本人がいつ拉致《らち》されたり、人質になったりするか分からない状態にまでなっているわけで、危機をそこまで広げてしまったんですよ。

それについて、考えてはいないでしょうね。そこまで考えてはいないと思います。娘《むすめ》さんが生まれて、二週間や三週間ぐらいしかたっていないのに、そのような死地に赴《おもむ》いていったのですが、それを超《こ》える「公的なもの」があったのですか。

そして、その結果、「日本は交戦状態にまで引きずり込《こ》まれた」という結果に対してまで、自覚はあったのですか。

このあたりについて、おそらく悩乱《のうらん》していて分からないだろうとは思いますが、これは、安倍《あべ》さんの無力だけを責めて済むものではないところは、あるような気はしますけれども。

後藤健二　ただ、「一民間人が、そんな交戦状態をつくる。宣戦布告し戦争状態をつくる」って、そこまでは、やっぱり無理だろう。

大川隆法　ただ、向こうの、あなたを殺した人は、そう言っているでしょう?

後藤健二　いや、それは、安倍の発言に対してじゃないか。

里村　ですから、そういう影響《えいきょう》が、やはり現実に生まれているわけです。特に、このメディア社会のなかではね。

後藤健二　うーん。

里村　これについては、どのようにお考えでしょうか。「それは、自分には責任はない」という……。

後藤健二　うーん……、まあ、責任がまったくないわけじゃない。「それだけの危険があって行ってる」っていう点においては（ため息）、まあ、責任はある。

大川隆法　ですから、あなたの基本思想と、おそらく違《ちが》うのだろうと思いますが、安倍内閣が今、集団的自衛権に参加していく過程において、左翼《さよく》が心配してきたことと同じことが、現実に、あなたの行動をきっかけにして起きようとしているのです。
つまり、同盟国は、連帯して攻撃《こうげき》されたり、したりする関係にならなくてはいけない方向に動こうとはしているわけで、まったく、あなたの意図するところとは違うかもしれませんね。

後藤健二　うーん。それは、俺《おれ》が考えてたことと違う。

里村　自分の考えていたことと違うわけですね？

後藤健二　うん。

綾織　「すべては自分の責任」ということで行かれたわけですが、やはり、「責任の範《はん》囲《い》が、かなり大きくなりすぎた」ということですよね。

後藤健二　まあ、少し個人の……、私の責任範囲を超えたところまで（事態が）広がってしまった。そこに対しては、もう、どうしようもできないなあ……。

「伝え聞いたカリフ像」と「『イスラム国』への空爆《くうばく》の感想」

里村　イスラム国に対して、「人質を解放してほしい」と、先ほどおっしゃられましたが、「カリフ」と称《しょう》しているバグダディ氏については、何か言いたいことはございますか。

後藤健二　まあ、会ったことがないので分からないけど、伝え聞いた話では、けっこう、う一ん……、残虐《ざんぎゃく》らしいね。

里村　ほう。

後藤健二　けっこう、何て言うんだろう……、「おとなしい、どちらかといえば、激情型というよりは、すごく理性的なタイプ」っていうようには言われてるけど、やっぱり、イスラム教の影響なのかは知らないけど、人を殺すことに対しては、何にも思ってないね。本当に虫けらを殺すように、人の命を奪《うば》うよね。

大川隆法　捕《つか》まっていたので、おそらく、それほど景色を見ているはずはないでしょうから、分からないとは思いますが、現実に、空爆《くうばく》の実態というか、被害《ひがい》などは、どうでしたか。感じましたか。

後藤健二　うーん。ちょっと分からないけど、けっこう、イスラム国のなかでも、空爆に対する、何て言うんだろうなあ、まあ、警戒《けいかい》というか、少し怯《おび》えみたいなものは、やっぱりあったね。

もう、「これを延々、続けられるのか」ということに対して、何ら反撃できない。それこそ、「地対空ミサイル」とか、そういうもので対抗《たいこう》することができないからね。

まあ、ちょっと、「被害」とか、「影響」っていうのは分からないけど、確実に彼らの戦意を削《そ》いでる。そういう効果は出てると思う。

「イスラム国」による人質《ひとじち》の殺害をどう見るか

大川隆法　バグダディ氏らがナイフであなたがた人質《ひとじち》を殺したのは、動物を殺すような感じで、残虐に見えるかもしれません。

ただ、彼は、こういう考えを持っているようではありました。

「空爆では、目に見えぬところから、もう何千人、あるいは、万単位の人が殺されている。瓦礫《がれき》しか映さないから分からないだろうけど、その辺りには、本当に、死んだ人がたくさんいるんだ。

そちらはテロリストと戦っているつもりでいるのかもしれないけれども、こちらは国家のつもりでやっているので、『国家 対 国家』ということでは交戦状態にある。だから、そうした『卑劣《ひれつ》なテロ』というような言い方は、やや不公平な言い方だ。何千人も殺しているのはテロではなくて、『一人、二人殺すのはテロだ』と言うのはおかしい」と（前掲《ぜんけい》『イスラム国〝カリフ〟バグダディ氏に直撃スピリチュアル・インタビュー』参照）。

それについては、どう思いますか。

後藤健二　ただ、やり方が、やっぱり卑劣だよね。

大川隆法　うーん。卑劣は卑劣でしょうね。

後藤健二　だから、そのやり方自体は、やっぱり肯定《こうてい》できない。

大川隆法　うん。

日本人の気概《きがい》を示す気はなかったのか

大川隆法　「日本人だから、切腹《せっぷく》させろ」というようには言わなかったのですか？

後藤健二　いや、さすがに、それは……（苦笑）。

大川隆法　「人に首を斬《き》られるのは、日本では恥《はじ》だ。自分で腹を切るのが、正当な作《さ》法《ほう》だ」というようには言わなかったのですか？

後藤健二　いや、彼らには、そういう知識はないから……。

大川隆法　いや、日本に憧《あこが》れているから、日本の「侍《さむらい》」や「忍者《にんじゃ》」などについては、よく知っていますよ。

後藤健二　まあ、彼らも一部、憧れてるところはあるけど、その「日本人の美徳」「腹切り」っていうのを……。

大川隆法　命乞《いのちご》いする日本人など、本当は、あまり彼らも好きではないのではないですか？　玉砕《ぎょくさい》する日本人が、大好きなのではないですか？

後藤健二　……。

綾織　最期《さいご》の場面の映像だけを観《み》ていると、かなり落ち着いて、死を受け入れているように見えたのですが。

後藤健二　うーん……。

「ヨルダンのパイロット」を絡《から》めた人質交渉《ひとじちこうしょう》を振《ふ》り返って

大川隆法　何か助けようがあったのでしょうか？　ご自分の感じとして。例えば、「安倍さんが、『十億でどうだ』とか、『二十億でどうだ』とか、値段を下げてでも交渉《こうしょう》を始めたら、助かる可能性がある」というように。

後藤健二　うーん、まあ、ちょっと、交渉のやり取りについてはよくは分からないけど、ビデオメッセージで、「あと、七十二時間」とか、あとは、俺も、「私には二十四時間しか残されていない」とかいうことを言ってたから。ただ、「その時間を過ぎてもまだ命がある」ということは、「たぶん水面下で、何らかの交渉が進んでるのかな」っていうところで、一縷《いちる》の望みは託《たく》してたところもある。

大川隆法　イスラム国が、ヨルダンのパイロットを絡《から》めてきたところは、どう思いました？

あなたが、「もし、死刑囚《しけいしゅう》の身柄《みがら》が用意されていなければ、私より先に、ヨルダンのパイロットが殺害されるだろう」というようなことを言って、ヨルダンのほうが、パイロットのほうの命乞いに入ってしまいました。「パイロットが、まず解放されなければ、死刑囚を解放しない」というようにです。

それで、事態が長引いてしまったわけです。ああいうことをやると、両方が死ぬだろうなと、私は思っていました。（ヨルダンは）事態が長引くので、どうせ判断できないに決まっていますからね。

あれについては、どのように思いましたか？　ヨルダンを絡めてきたあとですけれども。

後藤健二　やっぱり、「ヨルダンに対して心理戦を持ち込んだな」って思ったね。

大川隆法　同じく向こう（ヨルダン）も「スンニ派」ですからね。「スンニ派同士の連帯のほうを外国人より優先しろ」ということで、おそらく揺《ゆ》さぶりをかけたなと思いましたけれども……。

後藤健二　そう。そうだね。揺さぶりだね。

里村　そうですね。

「イスラム国」に対する「皆殺《みなごろ》し作戦」が始まろうとしている

里村　先ほど、バグダディ氏について、「残虐だ」という話がありましたけれども、一方で、有志連合といわれているものの事実上のリーダーであるアメリカに対して、おっしゃりたいことは何かありますか。

後藤健二　まあ、オバマの優柔不断《ゆうじゅうふだん》は、ちょっと、何とかならんかなあっていうのはあるね。空爆は、確かに効《き》いてるよ。効いてるけど、これは、けっこう長引くし。国際世論《せろん》が、ちょっと変われば、また、こういうイスラム過激派が、ほかの地域でも、今、きな臭《くさ》いところがあるらしいけど、ちょっと危ないと思うよ。

何て言うんだろう。アメリカが断続的に空爆を続けるだけでは、この中東はねえ、ちょっと無理だろう……。

大川隆法　今のオバマさんのやり方を見るかぎり、空爆を中心にして、「三年から五年ぐらいまでの間に、イスラム国を絶滅《ぜつめつ》させたい」という感じには見えますね。

後藤健二　うーん。

大川隆法　「皆殺《みなごろ》し作戦」ですね、あれは。

里村　うん。

大川隆法　あなたが死んだことは残念ですけれども、あなたがたの殺害をきっかけにして、イスラム国の住人に対する「皆殺し作戦」が始まろうとしていて、その包囲網《ほういもう》をつくろうとしているようには見えますよ。

後藤健二　なるほど……。

大川隆法　でも、これは正しいのでしょうか。

後藤健二　ちょっと、それは残酷すぎるね。まあ、オバマは、ほんとに悪いやつなのかもしれないね、そうしたら。

里村　だから、実際に、国連安保理《あんぽり》が即座《そくざ》に反応して声明まで発表し、イスラム国非難をやっているので、何となく、今回の後藤さんの殺害が大きなきっかけになって、「イスラム国殲滅《せんめつ》」の理由ができたというか。

後藤健二　そうか……。そうなってしまったのか……。

里村　うん。

大川隆法　まあ、（イスラム国の）実働部隊は、「一万数千人」とも言われているし、

「多くて三万五千人ぐらいはいるかもしれない」とも言われていますが、数万人ぐらいは、皆殺しにされるかもしれません。何年か以内に、皆殺しにされる可能性はあると思いますよ。

あなたたち一人、二人の命で、そのあと、「いよいよ皆殺し作戦が決行された」というか、「国際世論が形成された」というように、今見られていますから、けっこう、大きな〝引き金〟は引きましたよ。

後藤健二　うーん。そこまでは考えていなかったな。

実は、本当に弱い状態にある「イスラム国」

綾織　単に、自分のことだけで「悔《くや》しい」というような、そういう問題ではなくなってしまっていますね。

大川隆法　もう、「万の単位」の人が死にますよ。そのなかには、本当に、女性・子供というか、普通《ふつう》の人たちもいるわけです。あの地域から逃《に》げられなかった人たちが残っていますからね。

後藤健二　うーん。

大川隆法　間違いなく残っています。それから、向こうの兵士だって、全員が悪人だとは思えませんよね。

後藤健二　なんとか、そうならないようにできないのかね？

大川隆法　まあ、安倍さんも、少し勇《いさ》み足をしたのは事実かとは思います。確かに、気前がよかったですからね。日本の金額から見たら小さなものでしょうが、向こうにとっては、すごく大きな額に見えたのだろうと思いますよ。

里村　はい。

大川隆法　「敵たちに、そんな二百何十億円も撒《ま》くぐらいだったら、われわれにだって、ちょっとはよこせ。これは、何年分もの軍資金じゃないか」というような感じはあったのではないでしょうか。

里村　特に、フランスで事件が起きた直後で、いちばん熱くなっているときでした（「シャルリー・エブド」襲撃《しゅうげき》事件）。

大川隆法　そう、そう。あのなかに、少なくとも一人は、イスラム国の出身ではないかという人がいましたからね。

里村　ええ。ですから、最初に、「悔しい」と何度もおっしゃいましたけれども、今、お話がありましたように、実は、これ自体が、中東における、「新しい憎悪《ぞうお》」の連鎖《れんさ》の引き金を引いた可能性もあります。

後藤健二　うーん……。

里村　われわれとしては、とにかく、それがなくなるように、宗教差別、あるいは人種差別等に対して、しっかりと思想戦で戦っていきたい。ここを変えていきたいと思っているのです。

後藤健二　頼《たの》むよ。そんな「万単位の虐殺」なんて、ちょっと耐《た》えられないね。

大川隆法　少なくとも、今、「数千」から「万」は死んでいる可能性があって、全滅させるのであれば、おそらく、そのくらいまで行くと思います。これは、はっきり言えば、「ジェノサイド（大量虐殺）」ですよ。

後藤健二　だから、そうならないように、なんとかできないかなあ。

大川隆法　一方的で、向こうは抵抗《ていこう》ができません。捕まえた人で脅《おど》して、「殺すぞ」と言うぐらいしか手はない状態です。逆の立場で考えれば……、つまり、「（イスラム国は）テロリストではない」という立場のほうから考えれば、あちら（イスラム国）のほうが本当に弱い状態にあることは事実なんですよ。

綾織　今日お話しいただいたことは、ある程度、日本政府にも伝わると思いますので、日本として、必ずしも殲滅《せんめつ》するようなものではない行動はとれると思います。

大川隆法　そこまで興奮したら、行きすぎかなとは思いますけどね。ですから、あなたの自己責任も、少しはありますよ。赤ちゃんが生まれたばかりなのに、行くべきでないところに、わざわざ行ったわけです。

中立性が求められる「ジャーナリズム」

里村　それと、もう一点ですね、今朝などの報道を見ていても、やや、ジャーナリズムというのが「聖職」であるかのような……。

大川隆法　そう、そう。そのような気持ちがあったのではないですか?

里村　そうですね。若干《じゃっかん》、そういう意見が、コメンテーターたちから出ていました。ただ、ジャーナリズムには実は限界があって、国際政治は、その智慧《ちえ》のないところを利用してくるという面が非常にあります。

大川隆法　そう。

後藤健二　そこまでは分からなかったです。

大川隆法　湾岸《わんがん》戦争のときに、CNNの記者たちは、バグダッドに残って、ホテルの屋上《おくじょう》から、多国籍《たこくせき》軍が攻撃しているところを中継《ちゅうけい》していました。サダム・フセインは、その中継を見ながら、どこに命中したか、被害を確認するしかなかったというので（笑）、そういう意味での中立性はあったのです。また、ジャーナリストにも、「米軍のミサイルが当たって自分も死ぬかもしれない」という危機がありました。

そういう意味では、そのころはまだ中立性はあって、両方、そういう面は持っていたのだろうとは思いますが、若干、状況《じょうきょう》が変わってきましたよね。今回は、そういう状況ではなかったように思います。

まあ、そういう意味で、少し残念な部分は、両者ともあったでしょう。

里村　はい。

大川隆法　ただ、日本国政府が止《と》めても、おそらく、（後藤さんが）潜入《せんにゅう》するのは止まらなかったのではないでしょうか（注。その後の報道によれば、後藤氏に対して、外務省が三回にわたって渡航の見合わせを求めていたことが明らかになっている）。

7 「アラブの春」以降、イスラム世界は危機を迎《むか》えている

今後、後藤健二氏が天国に還《かえ》るためには

綾織　今後のご自身のことなのですが、やはり、「悔《くや》しい」という思いだけでは、迷ってしまいます。

今、大川総裁からあったお話等を、ご自身で理解し、ご自身が起こしたことや、どういう状態になっているのかを、ちゃんと理解してください。

キリスト教の信仰《しんこう》を持たれているので、ある程度は大丈夫《だいじょうぶ》だと思うんですけれども、これからの自分の思いを、しっかり整理していただければと思います。

大川隆法　さっき（霊言《れいげん》収録前）、私のところに（後藤さんの霊が）来ていたときには、「自分が死んで、霊言で出るということは、イエス・キリストの復活や、吉田松《よしだしょう》

陰《いん》が処刑《しょけい》されたあとに復活するのと変わらないようなものだ」というようなことを言っていました。

後藤健二　それはちょっと、〝出演交渉《こうしょう》〟で……。

大川隆法　ですから、そういうヒロイズム（英雄《えいゆう》主義）は持っているのかもしれませんね。

後藤健二　じゃあ、私は、今後、どうしたら天国に還《かえ》れますか？

大川隆法　それは、「イスラム教圏《けん》とキリスト教圏の調和」がまだできていないので、ちょっと分からないですけどね。

里村　ただ、私たちとしては、歴史が好転する方向で努力するしかないと思うんです。

つまり、結果的に、歴史が好転したときに、松陰先生の行動が素晴《すば》らしいものであったと。

今、私たちが知るように、今回、湯川さん、そして後藤さんの「まいた種」が、決して次の「憎悪《ぞうお》の種」になるのではなく、「中東の平和が一日も早く訪《おとず》れるための種」になるように、私たちは努力していくしかないと思っています。

後藤健二　うん……。

里村　決して、どこかのテロリストに加担するのでもなく、あるいは、アメリカ的な行動に加担するのでもなく、やっていきたいと思います。

後藤健二　ぜひ、お願いします。

ちょっと、私も知恵《ちえ》が足りなかったところがあって、そこまで大きなことになると読み切れなかったので……。

大川隆法　まあ、今、先進国が結束して、イスラム系諸国の分断、および一部壊滅《かいめつ》作戦に入ったようにも見えなくもないですからね。

里村　はい。

大川隆法　イスラムは危機を迎《むか》えていると思いますよ。「アラブの春」以降、危機を迎えていると思いますね。

里村　「キリスト教」という考え方だけだと、結局、十九世紀、二十世紀前半に繰《く》り返されたことと同じことが……。

大川隆法　うん、うん。そう、そう。同じことです。

里村　はい。繰り返されるだけなので、ここに違《ちが》う考え方を入れていかねばならないと思います。

大川隆法　それでは、もう一人調べましょうか。

里村　はい。

大川隆法　湯川さんのほうを調べたいので、スピリチュアル・エキスパートを替《か》わりましょう。

里村　はい、ありがとうございました。

第2部

湯《ゆ》川《かわ》遥《はる》菜《な》氏へのスピリチュアル・インタビュー

二〇一五年二月二日　収録

東京都・幸福の科学　教《きょう》祖《そ》殿《でん》　大《たい》悟《ご》館《かん》にて

湯川遥菜《ゆかわはるな》（一九七二〜二〇一五）

二〇一四年一月に民間軍事会社を設立。同年七月、シリアに入国後、翌八月にイスラム国と見られるグループに拘束《こうそく》される。二〇一五年一月、イスラム国から日本に対し、同じく拘束された後藤健二《ごとうけんじ》氏と共に人質《ひとじち》として身代金《みのしろきん》を要求する犯行声明が出されたが、支払《しはら》い期限を過ぎた後に殺害された。

導師・審神者《さにわ》

大川隆法《おおかわりゅうほう》（幸福の科学グループ創始者兼総裁）

スピリチュアル・エキスパート

竹内久顕《たけうちひさあき》（幸福の科学宗務《しゅうむ》本部第二秘書局局長代理）

質問者

里村英一《さとむらえいいち》（幸福の科学専務理事〔広報・マーケティング企画《きかく》担当〕）

綾織次郎《あやおりじろう》（幸福の科学上級理事 兼「ザ・リバティ」編集長）

［質問順。役職は収録時点のもの］

1 「イスラム国」は〝悪魔《あくま》〟なのか

大川隆法　それでは、もう一人、湯川遥菜《ゆかわはるな》さんの霊《れい》が来ていましたので調べてみます。湯川さんの霊は、最初は私のところに来ませんでした。殺されてから、しばらく何もなかったので、後藤《ごとう》さんの霊が連れてきたと思われます。

この人は、民間軍事会社をつくろうとしてシリアに入っていたということなので、もしかしたら、人を雇《やと》って軍隊を組織し、何かビジネスをやろうと考えていたのではないかと思います。また、「死は覚悟《かくご》している」というようなことを言っていたようなので、若干《じゃっかん》、後藤さんとは立場的に違《ちが》うのではないかという気もするのです。

その意味で、ジャーナリストという立場とは、若干、違うかもしれません。ですから、違ったことを言う可能性もあります。

とにかく、今日来ていたので、霊言《れいげん》は出るでしょう。まだ成仏《じょうぶつ》しているはずもないので、霊的に感度のいい竹内さん（スピリチュアル・エキスパート）のほうに入れてみたいと思います。

それでは、イスラム国にて殺害されました湯川遥菜さんの霊をお呼びし、このスピリチュアル・エキスパートのなかに入れたいと思います。

湯川遥菜さんの霊よ。湯川遥菜さんの霊よ。

どうか、目の前の者に入りたまいて、その考えるところ、思うところ、考えるところをお教えくださいませ。お願いします。

激しく泣きじゃくりつつ、「イスラム国は悪魔《あくま》だ」と訴《うった》える

湯川遥菜　ふわーんっ……（泣き出す）。

里村　湯川遥菜さんでいらっしゃいますね？

湯川遥菜　ああっ、あっあっ……（激しく泣く）。

里村　湯川さん、何がそんなに悲しいんですか。

湯川遥菜　うわっ……、うーん、ああっ……（泣き続ける）。

里村　今、いちばん悲しいことは何ですか。

湯川遥菜　ああ……。

綾織　今、日本に、霊的に戻《もど》ってきていて、お話しできる状態です。もし、語りたいお気持ち等がありましたら、語っていただきたいと思います。

湯川遥菜　えっ？　何？　何？　何？

里村　今、幸福の科学の教祖殿《きょうそでん》 大悟館《たいごかん》にいます。あなたは、肉体がない状態だったのですが、今、肉体を与《あた》えられてですね……。

湯川遥菜　うはあっ……、あーん、あんあん……（泣きじゃくる）。

綾織　ご自身は、もう一週間ぐらい前になりますが、イスラム国の人によって処刑《しょけい》されました。そういう状況《じょうきょう》はお分かりになると思いますけれども。

湯川遥菜　処刑！　うーっ！

綾織　人質《ひとじち》になっていたわけですよね。

里村　やっぱり怖《こわ》かったんですか？　すごく怖かった？　今、それで泣いてるんですね？

湯川遥菜　（泣きじゃくりながら）イスラムは、嫌《いや》だあ！　あいつら、悪魔《あくま》だ！　あいつら、悪魔なんだよ！　悪魔なんだ……。

里村　うーん。

湯川遥菜　あいつら、悪魔だ。あいつらは悪魔だ。あんなやつは信じちゃいけない。信じちゃいけない。信じちゃいけない。信じちゃいけない。

里村　なぜですか？　なぜ、悪魔？

湯川遥菜　あいつらは悪魔だよ。あいつらは、人を人とも思わない悪魔なんだよ。分かんないのか？　君たちは。

里村　今日は、それを聞きたいんです。ひどい扱《あつか》いをされたんですか？

湯川遥菜　扱いもひどいし、人を人とも思わないし、あいつらは、信仰《しんこう》なんて持ってないよ！　絶対に。絶対に持ってない。絶対に持ってない。

綾織　ああ、なるほど。

湯川遥菜　信仰なんてものは持っていない。僕《ぼく》が知ってる信仰なんか、あんなんじゃない。あんなんじゃない。あんなんじゃない。ハア、ハア、ハア……（苦しそうに息をする）。

「ヒーローになりたかった」と語る湯川遥菜氏の霊《れい》

綾織　八月に拘束《こうそく》されて、この一月までの間に、実際、何を経験されましたか。

湯川遥菜　いや、もう、拷問《ごうもん》だってあったよ。絶対、あったよ！

綾織　拷問。はい。

湯川遥菜　拷問だってあったし、死を恐《おそ》れたようなことも……、言葉はよく分かんないけど、もう何度も言われたし……。

綾織　うん、うん。うん。

湯川遥菜　僕はそんな……。僕はねえ、〝あれ〟なんだよ。そんな、国のね、なんか、命《めい》を受けて来たわけでもないしねえ。

まあ、後藤さんとも仲よかったけどさあ。後藤さんは、ジャーナリスティックにいろいろやってたかもしれないけど、僕は、そんなねえ、イスラム国を退治しようなんて思ってなくて。僕は、「人道支援《しえん》」なんですよ。僕こそ、人道支援のために、何らかの企業《きぎょう》を立ち上げて……。

里村　はい。

湯川遥菜　悩《なや》んでる人を救ってあげたいなあって思って、行って。とりあえず、まだ、取材だったんですよ。どんなことが行われているか。

僕は、やっぱり、ヒーローになりたかったんだよ。

綾織　ああ、ヒーローになりたかった。

湯川遥菜　僕はヒーローとして、やるべきことをやろうと思っただけなんですよ。

綾織「民間軍事会社を設立した」と言われていますけれども。

湯川遥菜　そうです、そうです、そうです。だから、僕は、ヒーローです。

綾織　あなたご自身は、そういう危険な地域で、自分の身を守っていくことができると思ったんですか。

湯川遥菜　だから、ガイドさんがついてましたから、大丈夫《だいじょうぶ》だと思ってたんですよ。まあ、死ぬ覚悟はありましたよ、一部は、やっぱり。

綾織　うん、うん。

湯川遥菜　そりゃ、死ぬ覚悟はなきゃ。僕はもう、命惜《お》しくありませんから。死ぬ覚悟はあって。やっぱり。

里村　覚悟はあった？

湯川遥菜　うん。

綾織　ただ、民間軍事会社というと、普通《ふつう》、アメリカの軍人が退役《たいえき》してやるとか……。

湯川遥菜　（顔をゆがめながら）うーん、分かってるよ。そんなこと、言われなくても分かってるけどさ。

綾織　ある程度、ノウハウがないと難しいわけですよね。

湯川遥菜　いや、ノウハウなんて、僕には何もないんですから。

里村　では、なぜ……。

湯川遥菜　違うことは分かってるよ。

里村　実は、「ヒーローになりたいから」という一念で、イスラム国まで行かれたんですか。

湯川遥菜　ああ、それはそうでしょう。やっぱり、人は動機が大事ですよ。

イスラムについては「勉強していった」

綾織　ただ、ヒーローになるにしても、民間の方たちを支援するにしても……。

湯川遥菜　いや、イスラムだってねえ、「平和主義」だって……。まあ、いろいろあったかもしれないけど、「平和主義だ」って言ってたし。日本はイスラムと仲よかったはずなんですよ、本来なら。

里村　そうですね。まあ、イスラムの国々も、日本を尊敬しているところが多いですから。

湯川遥菜　だから、そんな、うーん、うーん。うーん……（うなり続ける）。

綾織　ただ、そういうノウハウがないなかで危険な地域に行き、後藤さんが、あなたを救わなきゃいけないということで行動されて、結局、今回、二人とも犠牲《ぎせい》になったことについては、どう思われますか。

湯川遥菜　いや、後藤さんはね、「自分は大丈夫、大丈夫」って、よく言ってたけどさ、確かに。

綾織　まあ、先ほどのお話（第1部参照）でも、後藤さんは、「ちょっと、一線を越《こ》えてしまった」ということもおっしゃっていたので、亡《な》くなった方に言うのも申し訳ないですけども……。

湯川遥菜　うーん、うーん、うーん、うーん……。いやあ、後藤さんから、「もっと注意しろ」と言われたんだけど、確かにね。

でも、僕は僕で、やっぱり、絶対、イスラムっていうのは、そんなこと、日本人にすると思ってなかったんで。

里村　ただ、どうなんでしょう。湯川さんの事前知識として、「イスラム国」が、ほかのイスラムの国とは、行動原理としてどう違うか、と……。

湯川遥菜　いや、イスラムの勉強だって、していったんですよ。ちゃんとしていったし、あのビン・ラディンのほうのやつだって、ちゃんと勉強したし。

里村　ああ、アルカイダ系のことも。

湯川遥菜　アルカイダ系もね、ちゃんと勉強したし。アルカイダ系が、どんな思想を組織に入《い》れてるかって、あるじゃない？　ほら、『道しるべ』って、あっち系のね？ちゃんと読んだし、私は、一通《ひととお》りの思想のものはいちおう読んでいったんですよ。

　これを読んだ結果、まあ、命の危険はあるかもしれないけれども、起業っていうか、起業精神で行くのであれば、周りにガイドさんもついてるからね、大丈夫なはずだったんだけど……。

里村　うん、うん。うん。

湯川遥菜　まあ、でも、命の危険は、うーん、言われてみれば……、うーん……。（泣きそうな声で）まあ、危なかったかもしれないけどさあ。そんな……、うーん、うーん……。いやああ、ああっ……。うーん……。

●『イスラーム原理主義の「道しるべ」』　エジプトの小説家・イスラム主義者であるサイイド・クトゥブ（1906 ～ 1966）の主著。本書により、クトゥブは国家反逆罪で絞首刑に処せられた。アルカイダ等のイスラム過激派に多大な影響を与えた書。

「日本が軍事に目覚めてくれればよい」と思っている

綾織　ただ、実際に、あなたが拘束されたときには、もう亡くなっている英米人の方もいたわけですし。

湯川遥菜　ええ、何だって？　何、何？　ええ？

綾織　もう、アメリカ人も、イギリス人も、殺されていた時期ですよ。

湯川遥菜　いや、そうですよ。殺されてた時期ですよ。記者は殺されてたじゃないですか。知ってますよ。

綾織　ええ。だから、日本人だって、可能性は十分あるわけじゃないですか。

湯川遥菜　いや、それは、安倍《あべ》さんがさあ、あんなことしたからじゃないですか。

綾織　いえいえ、それは、今年一月になってからですけれども。

湯川遥菜　いや、それはもう、あっちはあれですよ。日本はいつ裏返すか分からないから、〝担保《たんぽ》〟取っといたんですよ、私たちを「捕虜《ほりょ》」にして。

彼らは、頭いいんですよ。彼らはね、僕に対する態度も、日によって変わるんですよ。

綾織　ああ、そうですか。

湯川遥菜　国際情勢に応じて、僕らへの態度が変わってくるんですよ、どんどん。

僕らには情報が入らないから、彼らの対応を見て、「何かが起こってるな」とかしか思えないからね。

里村　例えば、扱いがいいときもあるわけですね。

湯川遥菜　うーん。ちゃんと、食料だって与えてくれてますよ。

里村　そうですね。うん、うん、うん。

湯川遥菜　（後藤氏と湯川氏の写真がのった新聞記事を指しながら）だって、見てください よ。確かに、体重は減ったかもしれないけど、そんな餓死《がし》するほどじゃないで すよ。

里村　まあ、そうですよね。

綾織　ただ、あなたの行動によって、結局、後藤さんも含《ふく》めて、犠牲になってしまっ たわけですので。

湯川遥菜　いや、僕は、「日本がこれでよくなってくれればいい」と思ってますよ、今は。

里村　ええ？　そうなんですか。

綾織　この結果によって？

湯川遥菜　そうです。

綾織　どうなってくれればいい？

湯川遥菜　日本が、ちゃんと軍事に目覚めてくれればいいです。軍国主義として。

綾織　あなた自身は、そう思われているわけですね。

里村　今回、安倍さんの判断、日本政府の判断で、身代金《みのしろきん》が払《はら》われなかったわけです。少なくとも、今のところですね。

湯川遥菜　身代金は、どうせ、僕、払われないと思ってましたよ。

里村　思ってた？

湯川遥菜　それは無理ですよ。

里村　「身代金を払うべきだ」と思ってらっしゃいました？

湯川遥菜　うーん……。まあ、そりゃあ、命は助かりたいですよぉ、それは。そりゃそうですよね。だって、怖いですもん、あの人たち。悪魔ですよ。悪魔なんですよ、あの人たちは。

湯川遥菜氏が安倍《あべ》首相に伝えたいこととは?

里村　じゃあ、先ほど、後藤さんからは、「悔《くや》しい」と。「安倍《あべ》さん、何やってたんだ」というお言葉が出たんですけども。

湯川遥菜　悔しいっていうか、うーん。

里村　今、湯川さんが、安倍さんに言いたいことは?

湯川遥菜　いや、僕ら二人の命を無駄《むだ》にしないでくださいよ、お願いですから!　僕らの命だって、尊い命なんですよ!

里村　だから、無駄にしないために、今、こうやってお話をお伺《うかが》いしてるんです。ですから、湯川さんの口から、「じゃあ、どうなったらいい」と。

湯川遥菜　うーん……、いや、だから、後藤さんは知らないけど、僕みたいにね、まあ、何もできない人間ですよ、僕みたいな人間なんか。そんな人間でもねえ、役に立つんですよ、国のために。

綾織　はい。

湯川遥菜　その、国のために命を捨てた人のね、心を知って、安倍さんは、やるべきことをやってくださいよ！

綾織　「やるべきこと」というのは、何だと思われますか？

湯川遥菜　日本人だって、この前、死んでるじゃないですか。日揮《にっき》の人が。あなたがたも、あれなんでしょう？　知り合いか何か知らないけどさ（注。二〇一三年一月十六日にアルジェリアで起きた、イスラム過激派武装組織による天然ガスプラント襲撃事件で犠牲になった日本人のなかに、幸福の科学の信者も含まれていた）。

里村　そうです。

湯川遥菜　もう、とにかく死んでるんですよ！　日本人も。北朝鮮《きたちょうせん》にだって拉致《らち》されてるでしょう？　ほっといていいんですか？　日本人ですよ。われわれと同じ民族の血を持った人間じゃないですか。ほっとくんですか！

だから、僕は、そういう意味で、助けようと思って、民間軍事会社を立てようと思ったんですよ。

綾織　なるほど。

里村　でも、先ほど、「ヒーローになろうと思った」と言っていましたが、そこがちょっと、今のお話と違うところですね。

湯川遥菜　ヒーローですよ、僕は。国ができないことを、僕がやってあげようと思ったんですよ。世界中で、たくさん、日本人がねえ、不遇《ふぐう》を味わってる人たちを助けなきゃいけないじゃないですか。

里村　うーん。そのお気持ちは、すごく貴重だと思うんですけれども、そのなかに、「ヒーロー」という言葉を使われるのが、やや異質な感じがしますね。

湯川遥菜　なんでですか。ヒーローじゃないですか。

綾織　うーん。

2　湯川遥菜氏がイスラム国に入った理由とは

民間軍事会社の「資料」を収集したかった

里村　「ヒーローとして人前に出たい」とか、「ヒーローとして知られたい」とかいう気持ちが、何かあったのですか。

湯川遥菜　うーん。「人前に出たい」というか……、やっぱり、日本人としてやるべきことはやんなきゃいけないでしょう。

綾織　うーん。

湯川遥菜　僕は、日本人です（手を強く一回叩《たた》く）。れっきとした日本人です。

里村　それが、結果的に「英雄的行為《えいゆうてきこうい》」と、ほかの人から言われることはあっても、自分のほうから「ヒーローだ」と……。まあ、モチベーションとして、それがあるのは分かるけれども……。

湯川遥菜　そんなの知りませんよ。ヒーローはヒーローのやるべきことをやったんですよ。僕は、ヒーローなんですから。

里村　ああ、あなたには、「ヒーローだ」という意識が、ずっとあって……。

湯川遥菜　「意識が、ずっとあって」って、あんた、何か難しいことを言うな。何言ってんの？

里村　いや、そういう意識が前からあったわけですね？　イスラム国に行く前から。

湯川遥菜　だから、こんなところに行くわけないでしょう。何しに行ってるんですか！　僕は資料を……、（サイドテーブルを四回叩く）資料をいろいろ取りに行ったんですよ！

綾織　何を？

湯川遥菜　資料を。ここは戦争地域でしょ？（サイドテーブルを三回叩く）

里村・綾織　はい。

湯川遥菜　（サイドテーブルを数回叩きながら）「実際に、どんな戦争があって、どんな苦しみがあって、どんな民間人がアメリカ人に殺されて、イスラム内でも争いがあって殺されてるか」を、全部チェックしようと思って行ったんです。

里村・綾織　ええ。

湯川遥菜　で、それを、ちゃんとカメラに収めたんです。

綾織　ほお。

湯川遥菜　（サイドテーブルを数回叩きながら）民間軍事会社をつくっても、それがないと救い方が分からないですから。どうやって救うんですか。だから、救うためには、その貴重な資料が要《い》るでしょう？

戦争解決のために飛んでいく「アイアンマン」が理想の姿？

綾織　では、そのあと、あなたは、またイスラム国にもう一度戻って、活動するつもりで……。

湯川遥菜　これから会社を立ち上げますよ。

里村　これから?

湯川遥菜　そうです。情報がないと、何もできないじゃないですか。

大川隆法　本当は、あなたのような人を救出する部隊をつくって、ビジネスにしたかったのでしょう?

湯川遥菜　はい。そうです。

大川隆法　だけど、そうしたかった人が、捕《つか》まって人質《ひとじち》になった。

湯川遥菜　捕まったんです。

大川隆法　まあ、そういうことですね？

湯川遥菜　そうです。後藤さんからも、「気をつけろ」と言われてたんですけど……。

大川隆法　うーん。

湯川遥菜　いや、もっとねえ、資料をいっぱい……。僕はね、銃《じゅう》を持って……。僕、銃が大好きなんですよ。

里村　ほお。

湯川遥菜　だから、民間軍事会社を指導できるように、銃の使い方も全部、教えてもらってたんですよ。

大川隆法　あなたは、〝ヒーロー〟なのか、〝戦争オタク〟なのか。そのあたりがよく分からないですね。

湯川遥菜　いやあ、ヒーローです。僕はヒーローです。

大川隆法　「アイアンマン」（二〇〇八年公開のアメリカ映画の主人公）を目指していたわけですね？

湯川遥菜　そうです。「アイアンマン」って、戦争を解決するために飛んでいってくれるでしょう？

大川隆法　ええ。

湯川遥菜　飛んでいって、紛争《ふんそう》を解決するじゃない？　あれが民間軍事会社の理想の姿です。

里村　それは、一般《いっぱん》的には、「無謀《むぼう》」というように言われる行為だとは思われないですか。

湯川遥菜　無謀じゃないですよ！　これで国が動いたら（サイドテーブルを強く三回叩く）、僕の行為は、まったく無謀ではなくなります。

中東地域に行くには〝不適切〟な格好であることを指摘《してき》する

里村　いや、国を動かしたどころか……、まあ、ある意味では、国も動かしたし、実は、国際社会も大きく動かしてしまっているのですよ。

湯川遥菜　それは分かってますよ。だから、僕は満足してるんです。
里村　満足している!?
湯川遥菜　満足と言うか……、そこは満足してます。
里村　あなたの行動によって、いろいろと社会が……。
湯川遥菜　僕はねえ、正直、（膝《ひざ》を一回叩く）命なんか、そんなに惜しくないんですよ。
里村　ほお。
綾織　それは立派だと思いますけれども……。

湯川遥菜　ただ、あまりにもイスラム国の人たちが怖すぎたんですよ。

大川隆法　ただ、私も、昔、商社にいたことがあるので少しは感じが分かるのですけれども、あなたのように色白で、ぽっちゃりしていて、髭《ひげ》も生《は》えていない人というのは……、まあ、その姿で商社マンとして中東地域に入ったら、男性に〝強姦《ごうかん》〟されてしまう恐れがあるような姿なので……。

湯川遥菜　だから、それが怖いんですよお（泣き出しながら震《ふる》えた声で）。

大川隆法　もう少し男らしい感じで行くならともかく……。

湯川遥菜　うーん（すすり泣く）。

大川隆法　外見を見て、不思議な感じを受けましたけれどもね。

湯川遥菜　うーん、うーん（泣く）。

大川隆法　軍事の専門家で、会社のトップとして行くにしては……。

湯川遥菜　うーん（泣く）。

里村　二年前に、アフリカで私たちの仲間がテロで亡くなりました。お葬式《そうしき》にも行きましたが、そちらの会社の方はみんな髭を生やした方たちが多かったです。

大川隆法　当然、生やしていきますね。

里村　ええ。自衛隊が、イラクのサマワに行くときも、わざわざ、隊長が率先《そっせん》して髭を生やしていき、まず現地の方たちと同化できるようにしました。

大川隆法　あなたの姿を見ると、女性か男性か分からないような姿ですよね。白くて、ぽっちゃりして……。

女性的な名前と格好は「僕《ぼく》なりの美学」？

湯川遥菜　僕《ぼく》の名前を見てくださいよ（サイドテーブルを三回叩く）。女性みたいな名前じゃないですか。

綾織　女性の名前にご自分で変えられたという話ですよね？

湯川遥菜　そうですよ。

綾織　これは、ちょっと、理解しにくいのですけれども。

湯川遥菜　あんた、何？　何ですか。
綾織　今は女性としての意識なのですか。それとも……。
湯川遥菜　女性じゃないですよ。僕は男性ですよ。
綾織　でも、名前は、女性の名前に変えられた？
湯川遥菜　いいじゃないですか、別に。名前が女性っぽくたって。僕なりの「美学」ですよ。
里村　そういう、ヒーロー願望とつながるものが何かあった……。

湯川遥菜　だって、そのほうが、かっこいいじゃないですか。そんな、「毛むくじゃらのおっさん」なんか、かっこよくないじゃないですか。僕は、清潔なんだ。

「正義のために、〝十字軍〟で死んだようになりたい」

綾織　何か、単純に自己破壊《はかい》願望のように見えてしまいますけれども……。

湯川遥菜　破壊じゃない。うーん……、「破壊」っていうと、ちょっと違うかな。違うんですよ。

里村　はあ。

湯川遥菜　何て言うのかなあ。さっき、吉田松陰《よしだしょういん》っていう人……、まあ、吉田松陰も、ちょっと違うんだな。

うーん、僕は、もっとね、十字軍で死んだようになりたいね、気持ち的には。

里村・綾織　うーん……。

湯川遥菜　やっぱりねえ、神……、いや、僕は神じゃないんだけど、何か、正義のために死んだようになりたいね。イスラムはね、敵だから。

里村　要するに、湯川さんは、最初から、「死にたい」というか、何かそういう思いがあって行かれたのではないのですか。

湯川遥菜　うーん……。

里村　それは、覚悟としては立派だと思いますよ。

湯川遥菜　うーん……。いや、それは、人間は死にたかないですよ、みんな。僕だって、死にたくはないですよ。

里村　ただ、先ほどから、「命なんか惜しくない。怖くないんだ。死ぬのは怖くない」とおっしゃりつつ、「イスラム教は悪魔だ。怖い」と言って……。

湯川遥菜　怖いんだよ！　あいつらは、ほんとに。

里村　つまり、「命を捨てて、ああいうところに行った」とおっしゃるわりには、「行ってみたら怖かった」と……。

湯川遥菜　だって、怖かったんだもん。

里村　いや、それならば、行くべきではなかったのではないですか。

湯川遥菜　でも、行かなきゃ駄目《だめ》なんです。僕みたいに、思い立った人間が行くことによって、あとに続く者がいると思ったんですよ。

湯川遥菜氏が考えていた「民間軍事会社」の構想《こうそう》とは

湯川遥菜　いやあ、でも、死ぬと思ってなくて、本当は民間軍事会社をつくりたかったんですよ。

里村　そうですよね。

湯川遥菜　ほんとにこれをつくって、さっき、こちらの人（大川隆法）が「アイアンマン」って言ってたけど、あんなような感じで、私がつくった部隊によってね、ヘリコプターとか何でもいいけど、部隊によって……、まあ、要するに、国からお金をもらえるじゃない。

里村　はあ。

湯川遥菜　現地でさ、どんなことが起きてるかという情報を持ってきて（手を一回叩く）、どんな銃を持っていて、向こうは、どういう形態で組織をつくって戦闘《せんとう》行為を行《おこな》ってるかを撮《と》ってくれれば、専門家が見れば分かるから。

そしたら、僕の会社に投資が入るから、そのお金でもって、実際、北朝鮮に拉致された人も救いに行ける特殊《とくしゅ》部隊をつくれるじゃない。

綾織　現実的に考えると、そこに投資する人は、まずいないですよ。

湯川遥菜　いや、国は投資しますよ。僕の、この情報を……、僕が撮ったカメラを持ってきたら。（他の人は）誰《だれ》も撮れてないですよ。

綾織　申し訳ないのですが、そんなことは百パーセントないと思います。

大川隆法　あなたは、本当は、ＡＫ-47を撃《う》ってみたかったのではないのですか。銃を撃ってみたいという人はいますからね。

湯川遥菜　いや、僕は、そんな「軍事オタク」じゃない。僕は、ちゃんとそういった「軍事会社」をつくって……。

里村　いや、一歩間違ったら、ヒーローではなくて、テロリストの側に回ったかもしれませんよ。

湯川遥菜　テロリストなんか、入りたくないですよ。あんな、怖い悪魔たちに。イスラムなんか、嫌だよ、ほんと。

綾織　あなたが、銃を持って、胸を張って、「どうだ」というような感じの写真が残っていますけれども、あの写真も、やはり、ちょっとおかしいですよ。

湯川遥菜　おかしくないですよ。民間軍事会社って、ああいった武器を使わなきゃ無理じゃないですか。どうやってやるんですか。あなたがたが言う、日本の平和を守る考えで、いけるんですか。ええ？　無抵抗《むていこう》主義ですか。

里村　いや、だからといって、銃を持った写真を撮って、それを誇示《こじ》する必要もないんです。

湯川遥菜　いや、何言ってんの？　民間軍事会社の「軍隊長」は僕ですよ。当たり前じゃないですか。

里村　誰もついてくる人はいないと思いますね。

湯川遥菜　ついてきますって。そのために、わざわざ、こんな地域に行って、リスクを冒《おか》してきたんですから、僕は。そこで情報収集をしたら、人はついてきますよ。

「軍事オタク」であるかのような一面を見せる湯川氏

大川隆法　要するに、民間軍事会社と称《しょう》して、「007《ゼロゼロセブン》」のような〝ライセンス〟が欲《ほ》しかったのではないですか。プロフェッショナルとして。

湯川遥菜　いやあ、快感ですよ。（里村に）あなた、知らないんですか、銃の快感って。

綾織　ああ、そうなんですか……。

湯川遥菜　種類によって、性能が、全然、違うんですから。その性能を理解して、焦《しょう》点《てん》を合わせて。銃によって、撃つときの構えも、すべて全然違うんですよ。それが分かんないでしょ？　あんたがた。

里村　いや、だから、そういうところが、「軍事オタク」といわれるところで……。

湯川遥菜　オタクじゃないですよ。これは、軍隊の教育ですよ。軍事教育です。本来、日本の学校でも軍事教育をしなきゃいけないのに、してないじゃない？

里村　みんなが学ぶべきだと？

アッラーへの信仰《しんこう》なき者を人と見なさない「イスラム国」への怒《いか》り

大川隆法　あなたは、「三島由紀夫《みしまゆきお》がやりたかったようなことをやった」ということが言いたいわけですね？

湯川遥菜　そう、そう、そう。三島由紀夫は、大尊敬する方です。ああいうことです。

だけど、三島由紀夫さんは間違ったんですよ。日本の国内で、自衛隊に向かって自分の腹をかっさばいてね、日本が変わると思っとるのが間違い。自衛隊は、あんなんじゃ蜂起《ほうき》しませんよ。

綾織　イスラム国側に行って、銃を撃ちたかったということですか。

湯川遥菜　違う。まずは民間会社として、僕の組織をつくりたかったんですよ。

里村　それで誰を撃ちたかったのですか。

湯川遥菜　え？　まずは「イスラム国」を撃ちたかったね。あんなのは人間じゃないもん。

大川隆法　そうですか。

湯川遥菜　あんたがた、あのなかで、どんな拷問をされてるか知ってんの？　僕はそこまでやられなかったけどね。でも、ほんとに、あいつらはねえ、人間を人間と思わない拷問をするんですよ。

自分たちイスラム教のアッラーへの信仰《しんこう》がない人間は、もう人間と見なさない。家《か》畜《ちく》以下だと見なしてるんですからね。あんなやつらはねえ、人間として生かしてちゃいけないいんだよ。

「ヒーローの大本《おおもと》・アメリカが正義」という立場

里村　ちょっと待ってください。ただ、アメリカ軍のつくった収容所でも、イスラム側の人がそういう拷問に遭《あ》っていたりしたという報道もありましたけれども。

湯川遥菜　いや、あれは、そういうふうにね、向こうが宣伝してるだけですよ。

里村　イスラム国側が？

湯川遥菜　僕にとって、アメリカは「正義」ですから。

里村　あ！　湯川さんは、「アメリカは正義だ」という立場なのですか。

湯川遥菜　正義ですよ。かっこいいじゃないですか。

里村　（アメリカは）ヒーローの大本《おおもと》ですか。

湯川遥菜　あの軍隊でねえ。空爆《くうばく》だって楽しいですよ。〝悪魔の人間たち〟をバッサバッサ殺していくんですから。正しいじゃないですか。「アイアンマン」と一緒《いっしょ》でしょ？　空爆は。「アイアンマン」って空爆みたいなもんじゃないですか。

里村　そういう立場から、アメリカの行動を、ある意味で先に行くようなかたちで……。

湯川遥菜　アメリカの〝あれ〟を見てましたよ。見たかったんでね。ただ、全部は見れなかったけど……。

里村　今回、湯川さんと後藤さんが亡くなることで、アメリカの大統領までが声明を出しています。

湯川遥菜　そう。いいじゃないですかあ。

大川隆法　イスラム国を「悪魔」と言っていますが、いったい、何が間違っているのでしょうか。

湯川遥菜　え？　人を人と思わないことです。

大川隆法　人を人と思わない？　うーん。

湯川遥菜　うん。自分たちのことしか考えてないですよ、あの人間たちは。

大川隆法　うーん……。

「迷っている日本人を助けたいという志《こころざし》一つで行動した」

湯川遥菜　あとね、やっぱりね、捕虜等を捕まえてもねえ……、まあ、僕が学んだ軍事知識では、捕虜に対して、ある程度、優遇《ゆうぐう》しなきゃいけないということでしたよ。何ですか、あの捕虜を捕虜とも思わない……。人間以下の、家畜以下の扱いだから。

綾織　イスラム国は、今の時点では、国でもありませんので。

湯川遥菜　いや、だって、あいつらは「国」だって言ってるんじゃない?

里村　それから、ある意味で、湯川さんも私兵《しへい》というか、そういう立場なので。

湯川遥菜　私兵じゃないですよ、僕……。

里村　国際法上で保護を約束されているような、そういう捕虜になるような立場でもなかったんですよ。

湯川遥菜　いや、僕は助かるべき……。

里村　国際的に、捕虜になるためには、きちんと正規の軍隊の兵士の格好をしていないと駄目と定められているのですよ。そうでなければ、結局、ゲリラとして、まあ、昔の中国の便衣兵《べんいへい》ですよね。

湯川遥菜　僕は、便衣兵じゃないよ。

里村　そういう扱いを受けてもしかたがないんですよ。だから、そういうところなどは、あまりにも短絡的《たんらく》な行動に走りすぎたのではないでしょうか。

湯川遥菜　いや、僕は、そんな、いろんなことを勉強してやっていくタイプではないのでね。とにかく、自分が学んだことで、思い込《こ》んだものがあったんでね。やっぱり、「世界中で迷っている日本人を助けたい」と思ってねえ。もう、その志《こころざし》一つですよ。

里村　その志は結構ですよ。

綾織　ご自身一人であればよいのですけれども……。

助けにやって来た後藤氏について、どう考えているのか

湯川遥菜　え？　何が悪いんですか。

綾織　では、後藤さんの命が奪《うば》われたことについては、あなたは、どうお考えですか。

湯川遥菜　後藤さんの命、僕は奪ってないですよ。

綾織　いやいやいやいや。後藤さんは、あなたを助けようと思って、イスラム国に入ったわけですよね？

湯川遥菜　いや、後藤さんは、僕の考えを理解してくださってたんですよ。

綾織　そうかもしれませんけれども、後藤さんが亡くなったことについては、どう考えるのですか。

湯川遥菜　まあ、それは、後藤さんには家族もいたしねえ……。まあ、でも、後藤さんは後藤さんでね、「僕を助ける」っていうだけじゃなかったと思うよ。あの人はあの人で、絶対ねえ、「やりたいこと」があったんだよ。

里村　例えば、どんなことですか。

湯川遥菜　たぶん、世界に名だたるジャーナリストになりたかったんじゃないの？　出世したかったんでしょ？　それは彼だって。

里村　でも、あなたもヒーローになりたかったわけだから……。

湯川遥菜　いや、後藤さんはヒーローとかじゃなくて、彼なりの野望があったからさあ。うーん……。

もちろん、「僕を助けたい」というのはあったとは思うんだけど、それは感謝していますけど……。それでもって、僕の責任にされても困るんだけどなあ。

里村　「責任にされても」って、実際に、湯川さんの行動がきっかけで、結局、後藤さんも拘束《こうそく》され……。

湯川遥菜　だって、後藤さんだって、何度も入ってたんだから。僕を助けに来なくても、次、入ってたら、絶対、捕まってましたよ。

里村　ああ、あなたの事件とは関係なしに？

湯川遥菜　だって、何度も入ってるんですから、捕まってますよ、それは。

里村　そうすると、非常に気の毒で、申し訳ない言い方ですけれども、やや無責任な感じが、ずっと続いてる感じで……。

湯川遥菜「無責任な感じ」って、失礼なことを言うねえ。あなた、日本人でしょうが。日本人だったら、僕の行為を讃《たた》えなさいよ（サイドテーブルを二回叩く）。

「自決の機会は与《あた》えられなかった」と主張する湯川氏

里村　例えば、先ほど、三島由紀夫先生のお名前を出されましたけれども。

湯川遥菜　ああ、出しました。

里村　三島由紀夫先生は、自決されました。

湯川遥菜　うーん。僕も〝自決〟したんです、だから。

里村　自決ですか？　ただ、ビデオには……。

湯川遥菜　自決なんかさせてくれないですよ。あいつらは、私に自決の機会なんか与《あた》えませんからね。

里村　例えば、動画のなかで、自分のほうから率先《そっせん》して、「腹切《はらき》りをさせろ」と……。

湯川遥菜　そんなこと、言えないですよ。言えるわけないじゃないですか。言ったって、どうせ編集されてカットされますよ。

里村　ああ、その部分が？

湯川遥菜　そんなの言わないよ。言ったって無駄だもん。それは、生放送で全世界中《ちゅう》継《けい》でやってくれるんなら、まだ考えてもいいけどさあ。どうせ死ぬんだったらね、やっぱりさ、かっこよく死にたいから。

綾織　「自分の死」について、自覚が曖昧《あいまい》な湯川氏

亡くなった方にはたいへん申し訳ないのですが、言ってみれば、そういう軍事的なものが好きだとか、あなたの趣味《しゅみ》ではありませんか……。

湯川遥菜　「趣味」って、何だよ？　それ。「趣味」って、何だよ、君。

綾織　銃を撃ちたいとか……。

湯川遥菜　君ねえ、命を懸《か》けた人間に「趣味」っていう言い方はないんじゃねえか、君ぃ！

綾織　いやいや、おかしいですよ。

湯川遥菜　おまえがおかしいよ！　何言ってんだよ、おまえ。

綾織　その結果として、後藤さんも巻き込まれ、日本政府も動かされ……。

湯川遥菜　ああ!?　だから、俺《おれ》のせいで後藤さんが巻き込まれたんじゃないっつってんだろうがあ！（サイドテーブルを二回叩く）

綾織　結果的には、そうなってしまったわけですよ。

湯川遥菜　何言ってんだよお！

綾織　政府も、この何週間か、ずっと対策のために動いて……。

湯川遥菜　おまえらさ、俺をもっとさぁ（サイドテーブルを四回叩く）。何か、スタンスが違うよ、スタンスが。おかしいぞ。

里村　いやいや、責めるつもりはないんです。責めるつもりはないのだけれども、今、霊的に迷われていますでしょう？

湯川遥菜　迷ってない。迷ってない。

里村　自分が亡くなったのは知っていますか。

湯川遥菜　うーん。死ん……、うーん。よく分かんねんだよ、とにかく。

綾織　まあ、あなたは亡くなったのですけれども……。

湯川遥菜　殺されたらしいんだけどな。

綾織　はい。

「日本は軍隊をつくるべき」と激昂《げっこう》する湯川氏

綾織　今後はどうされますか？　もう亡くなって、あなたは「魂《たましい》」の状態なんですよ。

湯川遥菜　ええ？　いや、だから、「どうする」っつったってさあ……。

綾織　そういう、今みたいな心境では成仏《じょうぶつ》できずに迷うだけなんですよ。

湯川遥菜　うーん……。いや、だから、僕は、「これからどういうふうに報道されるか」を気にしてる。

里村　いや、「どう報道されるのか」を気にしてなんかいたら駄目ですよ。報道を気にするのではなくて、湯川さんと後藤さんが動かれたことで「まかれた種」を、今後、われわれが平和な世界をつくるために、この種をどう取っていくか……。

湯川遥菜　だから、軍隊つくってよ！（椅子《いす》を叩きながら）軍隊つくって、特殊部隊つくって潜入《せんにゅう》して、北朝鮮に拉致されてる人を助けてきなさい、まず！　それでいいですよ！

里村　残念ながら、それは「夢想」なんです。

湯川遥菜　何が夢想なんですか？　あんたがた、勇気ないねえ！　あんたがた、行きなよ！　北朝鮮に助けに行きなさいよ！

綾織　今後、政府としてやるべきことはやると思いますけども。

湯川遥菜　あんた、国のために、「二〇三高地」（日露戦争の激戦地）で死んだ人間の気持ちが分からんのかよ。

里村　分かりますよ。

湯川遥菜　無謀な戦いをやったじゃないか。同じだよ、僕だって。

里村　うん。ただ、それは、そこまでに至るプロセスがあって、あの局面まで行きましたよね。

湯川遥菜　うーん。

「日本人人質《ひとじち》事件」が、今後招く事態とは

里村　あなたには、勇気はあったと思います。志《こころざし》もあったかもしれない。ただ、結果的にその行動が、また次の第三者の被害《ひがい》や悲劇を呼び込んだのも事実です。

湯川遥菜　もうさあ……。もう、やめてくれよおお！　俺は頑張《がんば》ったんだからさ、もっとほめてくれよ！

大川隆法　少なくとも、「イスラム国」と称する国と、日本は〝交戦状態〟に入ってるんですから。

湯川遥菜　うーん。

大川隆法　交戦状態が起きているのですよ。

湯川遥菜　うーん、うっ、うっ、ううっ……（すすり泣く）。

大川隆法　今後は、世界各地で日本人が拉致されたり、人質《ひとじち》になったりするような可能性はあるということなんですよ。

湯川遥菜　じゃあさあ……、うう……。

大川隆法　日本国内での「テロ」もありえるということです。

湯川遥菜　戦争がこんなもんだとは、分かんなかったんだよおお！

綾織　そうですね。

湯川遥菜　ああ、もう！

大川隆法　次の東京オリンピックなんかも、十分、危険になりますよ。

里村　もう、間違いないですね。

大川隆法　テロがある可能性は出ますからね。

湯川遥菜　ううーん……。

大川隆法　下手をしたら、「イスラム国」と関係のないイスラム信仰者たちも、日本から排斥《はいせき》されたり、世界で怖がられたりして、被害を受ける可能性はかなり高いかもしれません。

「全世界のイスラム教徒は危険だ」と繰《く》り返す

湯川遥菜　もう、全国、全世界のイスラム教徒なんて危険だよ。危険だ、あいつら。

里村　いや、イスラム教徒は善良な方も多いし、イスラム教が間違った宗教とは限らないです。

湯川遥菜　違う。あいつら、僕の前でも善良な顔をしてるときもあったんだけど、その次の日は別人になってたからね。僕は見てきたんだから、その姿を。

里村　しかし、それはイスラム国の一部の人がそうであって……。

湯川遥菜　違う、違う！　あいつらは、みんなそうだ。日によって変わるんだよ。

里村　いや、全世界のイスラム教徒がそうではないということは、それくらいはお分かりですよね？

湯川遥菜　分かりません。

里村　それも分からない？

湯川遥菜　分かりません。

里村　一部のイスラム国の兵士を見て……。

湯川遥菜　「大丈夫だ」と思ってるやつがいるでしょう？　そいつがねえ、一年もしたら別人に変わってくんだよ、戦闘行為とかで。あいつらはね、アッラーが見てるから何でもしていいと思ってんだよ。みんな、死んだら、ジハード（聖戦《せいせん》）で、天国に還ってさあ、処女を侍《はべ》らせるっつうの？　（椅子を一回叩く）もう、そんなのさあ、何でもやるよ。あいつらは危険だよ。

里村　決して、みんながみんな、そういう考えだというわけではないです。

湯川遥菜　いやいやいや。そうなるんだって、あのなかにいたら。人が変わるんだよ。

里村　そうすると、あなたの今回の行動は、そういうイスラム国に対する〝逆ジハード〟だったと言いたいんですか。

湯川遥菜　うーん、逆……。俺は宗教関係の人間じゃないから、別に……。

里村　別に、イスラム国がどうのこうのだからではなくて、単純に、軍事会社で人を救い、そして、ヒーローになって……。

湯川遥菜　そう、そう、そう、そう、そう。だから、助けを求めるところには、僕の持っている軍隊でもって突入《とつにゅう》して、やつら（イスラム国の兵士）を皆殺《みなごろ》しにして助けるんじゃないか。

里村　皆殺しにして……。

湯川遥菜　うーん。オサマ・ビン・ラディンを殺したあれだって、僕も身震《みぶる》いするぐらい感動したんだからね。

大川隆法　あれも〝逆〟から見れば、アメリカによる「テロ」ですからね。

湯川遥菜　テロじゃないですよ、あれは正義の……。

大川隆法　ビン・ラディンの家に夜襲《やしゅう》をかけて、彼を殺したわけです。

湯川遥菜　違うよ。いや、いや……。

里村　よその国で、何ら、その国の政府の了解《りょうかい》もなしにです。

湯川遥菜　いや、何が悪いの？

里村　ある日、突然ですよ。

湯川遥菜　悪いやつを殺すのは、悪くないことじゃないんですか？　悪いやつに鉄槌《てっつい》を下《くだ》したんですよ？　何が悪いんですか？

3 「イスラム国の正義」と「欧米《おうべい》の正義」の激突《げきとつ》

「イスラム国」すべての人が「悪」という決めつけがある

大川隆法　ただ、今回、疑問があるのは、そういう「テロリストグループだ」という決めつけもそうですが、やはり、「『イスラム国』のなかの人たちにも、信仰心《しんこうしん》があるのでないか」という感じがするわけです。それも、純粋《じゅんすい》な感じが若干《じゃっかん》あるんですよ。

したがって、それに対して、単なる「人殺し団体」のように認定された場合に、彼らの腹立ちが分からないことはないわけです。

それと、世界各地から義勇軍《ぎゆうぐん》のようなものが入ってきているのを見たら、「一定の大義を掲《かか》げているということに対して、共鳴している者がいるらしい」ということについて、テロ指定をしている人たちは、まったく理解をしていないのではないでしょうか。

里村　はい。

大川隆法　彼らは理解を示していないので、「イスラムそのものが悪」と、「原罪」的に思っているようなところがあるのではないかという気が、若干あるんですよね。

やはり、単なる「ゲリラ」ではなくて、「交渉《こうしょう》できる相手」ぐらいは残っていてくれたほうが、いいことはいいわけです。

湯川遥菜　あれが怖《こわ》いんですよ。どんどん、どんどん人が増えてくるんですよ。「大義」とか、なんか知らないけど、信仰が……。

大川隆法　「イスラム国」に中国からも入っているし、イギリス人も入って、殺してるわけですから。

湯川遥菜　おかしいです。あんなね、悪いこと……。おかしいんですよ。だから、今のうちに根絶《ねだ》やしにしておかないと、いずれ世界を滅《ほろ》ぼしますよ、あの勢力は。

里村「イスラム教すべてを根絶やしにする」とかいう思想は、長く続いている中東の紛争《ふんそう》の根本《こんぽん》にある考えと同じものがあるんです。

湯川遥菜　何言ってんだよ？

大川隆法　少なくとも、スンニ派がだいぶ少数派に追いやられたことに対する、「復興運動」が入っていることは間違《まちが》いないでしょう。これに対して、「義」を感じている人たちがいることは確かだと思うんですよ。シーア派に牛耳《ぎゅうじ》られて、居場所がなくなった人たちがいるわけです。

湯川遥菜　うーん……。

大川隆法　そういう人たちが間違いなくいるんですよ。このへんのところを、「国際的に、しっかりとジャッジ（判定）できているかどうか」の問題はあるでしょう。

湯川遥菜　うーん……。いや、おかしいって。そんなスンニ派だか、シーア派だか、どっちでもいいけどさ。そんな……。

「独自の軍隊をつくりたい」という湯川遥菜氏の望み

里村　湯川さんの望みは、今日いろいろとお話を聞いていると、どうも、「イスラム国と戦って」というほど、そちらのほうの継続《けいぞく》で、平和を望んでの行動では……。

湯川遥菜　平和を望んでますよ。僕《ぼく》がやっているの、平和じゃないですか。

里村　どういう平和ですか？　あなたが、「敵」と思う者をどんどん殲滅《せんめつ》してゆく……。

湯川遥菜　敵じゃない。救いの声があるところに、僕は助けに行く。僕は政治家でも何でもありませんからね。だから、そんな国の大義まで要《い》りませんけどさ。

大川隆法　銃《じゅう》を持った〝セコム〟をつくりたかったのかもしれないね。

湯川遥菜　そう、そう、そう。そうです、そうです。ちゃんと、僕の「独自の軍隊」をつくりたかったんですよ。僕の軍隊で、困った人がいたら助けに行くんですよ。それが、国からちゃんと依頼《いらい》をされて、国の大義の、日本の旗を掲げて、もうゲリラのごとく助けに行くんですよ。そのときに銃を使って、やつらを全滅させますから。

綾織　それができる力があればいいですけれども、はっきり言って、まったくないわけですので……。

湯川遥菜　「まったくない」っていうことはないですよ。僕は銃だって持って撃《う》ったしね。

大川隆法　やはり、基本的には、最終的な「目的」なり、「正義」は必要ですよ。それがなかったら、例えば、もし、オウム真理教が健在だとして、日本国がオウム真理教に頼《たの》んで、毒ガスをイスラム国にばら撒《ま》いてくれれば、人を殺せますからね。「それがいいことかどうか」ということは、別の問題ですから。

湯川遥菜　うーん。

「民主主義国家」が軍事独走しないための仕組み

綾織　あなたのお父さんが、記者の人たちに対して語っていましたが、「迷惑《めいわく》をかけて、本当に申し訳ございません」とおっしゃっていたわけです。これがすべてだと思うんですよ。

湯川遥菜　うーん……。

綾織　やはり、迷惑をかけてしまっていますよ。

湯川遥菜　いや、だから、僕は父に、「自分の息子《むすこ》はヒーローだった」って思ってほしいんですよ。こんな、駄目《だめ》な俺《おれ》じゃなくてね。

綾織　いや、お父さんの記者会見のところは、すごく立派だったと思うんですよ。

里村　「子供が迷惑かけた」という言葉は、先ほど大川総裁が語られた、「あなたの今回の行動がきっかけで、関係ない日本人が狙《ねら》われる状態に入ってしまった」「交戦状態にまで持ってこられた」ということと……。

湯川遥菜　逆ですよ、逆です。これをきっかけにして、日本が「軍国主義化」すればいいんですよ。

綾織　そういうふうになればいいというものではないです。

湯川遥菜　僕がつくろうとした、民間軍事会社のようなニーズがたくさん出ますから、今後。

里村　われわれも、日本国憲法には問題があると思うけれども、決して、「軍事国家になればいい」とか、そういうふうな考えではないんですよ。

湯川遥菜　じゃ、あんたがたは「憲法九条」に賛成してるんですか？

里村　賛成していません。

大川隆法　やはり、「使えない軍隊がある」ということは残念なことだと思っていますよ。しかし、少なくとも、「民主主義国家」において軍隊を動かす場合は、議会の承認等を得なければいけないため、「シビリアン・コントロール（文民統制《ぶんみん》）」が働いているわけです。勝手に軍事独走をするわけではないと思います。そういう意味で、軍事国家とは意味が違うのです。

もちろん、邦人《ほうじん》救出のために動いてもいいとは思いますが、ちゃんと国民の代表者たちの承認は要るわけです。

湯川遥菜　うーん。

軍事介入《かいにゅう》が「無政府状態」をつくり出すこともある

湯川遥菜　もう、自衛隊はね、最新鋭《さいしんえい》のあんな兵器を持っといて、何も使わないじゃないですか。

大川隆法　ただ、相手を攻撃《こうげき》した以上は、反撃もありえますからね。

湯川遥菜　反撃できないまでに、完膚《かんぷ》なきまでにやればいいんですよ、日本だって。

里村　それは、シビリアン・コントロールの法律のなかでやっていかなければいけないんですよ。「民主主義」とは、そういう難しいところもあるんです。

湯川遥菜　だからね、僕は、「国が（軍隊を動かすのは）難しい」と思ったから、自分の部隊を持ちたかったんですよ。

里村　でも、その行為《こうい》が、結局、最も危険な無政府的な状態になって、戦争地帯をつくり出すことになると思います。中東の一部はそうです。

湯川遥菜　大丈夫《だいじょうぶ》です。アメリカがいるかぎり、大丈夫です。最後は彼らが制裁……。

里村　そのアメリカの介入《かいにゅう》、あるいは、撤退《てったい》によって、どんどん、どんどん戦争の連《れん》鎖《さ》が止まらなくなっているんですよ。

湯川遥菜　うーん……。

里村　つまり、軍事的な行為は、そうした戦争とかの究極的な解決の手段には決してならないんです。

湯川遥菜　違う。それが、君らの考えが間違ってるんだって。

里村　いや、あなたに言われるのは……。

湯川遥菜　「最後に、ピストルを撃てない弱さ」が、君らのねえ、弱点だよ。人を殺せないから、君らは勝てないよ。

里村　いや、いや。

綾織　「撃つか、撃たないか」という問題ではないと……。

湯川遥菜　日本はやられるよ。

湯川氏よりも後藤氏のほうがよく報道されているのが「不満」

大川隆法　逆もあると思うんですよ。他国からイスラム国に義勇軍が流入している以上、その人たちを集める仕事をしている人たちは、たぶんいるはずです。つまり、あなたの「逆バージョン」です。

湯川遥菜　うーん？

大川隆法　義勇兵《ぎゆうへい》を雇《やと》ってくる、そういう人たちがたぶんいると思うのです。あなたはそれの逆をやろうとしたことになると思います。

ただ、「イスラム国が悪で、それ以外は正義だ」というところのロジックがきっちり立たないといけないわけです。それも知らない日本人がやったのなら、「軍事オタク」的に言われる面は残るのでないでしょうか。

湯川遥菜　えっ？　でも、僕は、今、「正義の使者」っていうか、「正義の代理人」として殺されたようなもんですよ。それで、世界中は、僕らを「勇気ある戦士」として……。

綾織　正直に言うと、後藤さんについてはかなり報道はされているのですが……。

湯川遥菜　だから、僕、先に殺されちゃったんですよ。

綾織　申し訳ないのですが、あなたについては、あまり報道されてないんですよ。

湯川遥菜　いや、それも僕は不満なんですよ。なんで後藤さんだけが、なんか、こんなふうにね、きれいにちゃんと報道されて、僕のほうはちゃんとできないんですか？

綾織　今日、お話を伺《うかが》って、「それはやむをえないな」というふうに思わざるをえない気がします。

湯川遥菜　「思わざるをえない」って、どういうことですか？

里村　いや、そうではないと、なかなか取り上げられない理由もあるし、一方では、いろんな気持ちもあったということも、よく分かりました。

湯川遥菜　うーん。

なぜ、イスラム教徒を「悪魔《あくま》」だと決めつけてしまうのか

里村　ただ、事《こと》ここに至っては、湯川さんも「地上を去った」ということなので……。

湯川遥菜　だから、そのさ、「地上を去った」って、よく分かんないんだよ、僕には。

里村　「肉体がなくなった」っていうことです。

湯川遥菜　何を言ってんだ、君たちは?

大川隆法　少なくとも、イスラムの天国には還《かえ》れないだろうから、「どこか、行くところを探さなければいけない」ということですね。

湯川遥菜　うーん……。あんなねえ、イスラム教は、たぶん天国なんかないよ。あいつらは、もう悪魔《あくま》だから。あいつら全員、地獄《じごく》に堕《お》ちればいいのよ。

大川隆法　「悪魔」という決めつけのところの理由を、はっきりさせないといけないですね。そう考えている人は、欧米《おうべい》にわりと多いと思うのです。でも、日本もそう言われたのでね。

湯川遥菜　知ってますよ、それは。

大川隆法　私も先ほど、広島に原爆《げんばく》を落とされる前後の映画を観《み》ていたのですが、「日本に原爆を落としたい」「広島のような軍港を持っていたところに、原爆を落としたい」という気持ちは、このイスラム国に対する憎《にく》しみと、ほとんど同じぐらいのものだっただろうと思います。そのくらいでないと、とてもではないですが、落とせるわけがないでしょう。

つまり、市街地を丸ごと焼くので、民間人を皆殺《みなごろ》しするわけです。よほど、〝悪魔の塊《かたまり》〟でもいると思わなければ、原爆を落とせるものではありません。「軍艦《ぐんかん》だけを沈《しず》める」というわけではないですからね。

すなわち、こういうことは、「ファナティック（狂信的《きょうしんてき》）」になると、みな一緒《いっしょ》だと思います。したがって、「冷静」でなければいけない面はあるでしょう。

やはり、イスラム教徒同士で、どこが違うのか、そのあたりを分析《ぶんせき》しないと分からないところはありますね。

「アメリカの地上軍が出ていくところを見たかった」

湯川遥菜　っていうか、イスラムがアメリカと戦うのには、僕は、若干、不満はあって、「空爆だけ」って、面白《おもしろ》くも何ともない。

大川隆法　それは、オバマさんが卑怯《ひきょう》だったからですよね。

湯川遥菜　あれは、やっぱり、もっと戦闘員《せんとういん》同士の戦いにしないと。

大川隆法　地上軍を送ったら、若者が死にますからね。

湯川遥菜　そうそう。せめて、イラク戦争ぐらいはやんないとさあ、全然、取材にならないんだよ、僕が行っても。

里村　地上軍投入で。

湯川遥菜　そう。あんな無人機を飛ばして……。

大川隆法　今は、やはり、あなたがたと同じように、現地の人たち、中東の人たちを雇って、民間で地上軍を戦わそうとして、試用しているらしいのですが。「アメリカ人の（生命の）値打ち」というのは、世界的に見ると、〝高い〟んですよ。

湯川遥菜　そう、高い高い高い。

大川隆法　どうも、一人が百人分ぐらいに値《あたい》するほど高いらしいので、「そんなに簡単に死なせたくない」ということらしいです。

湯川遥菜　うーん。いや、でも、僕は、やっぱりねえ、アメリカの地上軍がちゃんと出て行くところを見たかったの。やっぱり、そこがないとねえ。「陸《りく》・海《かい》・空《くう》」は全部やんなきゃ駄目だよ。

里村　「〝アイアンマン〟が地上に下りて戦うところを見たかった」という感じですか。

湯川遥菜　そうそうそう。戦争状態になんないとねえ、もうちょっと情報が足りなかったんだよね。だいぶ早く捕《つか》まっちゃったからさ。

「正義の判断」においては冷静でなければいけない

大川隆法　ただ、この「正義の判断」は難しいのです。

湾岸《わんがん》戦争などでも、「アメリカのほうの死者数は百人ぐらいで、イラクのほうは、バスラだけでも十万人は死んだ」というほどで、これは、本当の大量虐殺《ぎゃくさつ》ですからね。「百対十万」などというのであれば、これは、もう、ほとんど戦《いくさ》ではありません。「皆殺し」に近い戦いなので。

ただ、こういうことは報道されないのです。こういうことに関しては、事実は隠《かく》されるのです。そういう意味で、フェアでないから、向こう(イスラム国)も、いろいろと、YouTube《ユーチューブ》などで流しているところもあるんですね。

そのあたりに対しては、私たちは冷静でなければいけないところがあります。あまり、カッとしたら駄目なところがあるのです。

湯川遥菜　ふーん。

里村　ですから、湯川さんのなかにも、もしかしたら、そういうアメリカ的な〝洗脳〟も入って、一方的に「イスラムのほうが悪魔だ」などと思っているところもあるかもしれません。

湯川遥菜　でも、僕は体験者ですからね。君たちは、こんな暖房《だんぼう》の効いた部屋で、のほほんと見て、新聞だけで見た情報で言ってるけど、僕らは捕まって、命の危険のなか、毎日毎日、苦しみを味わって、結局、最後は殺された人間なんですよ！

大川隆法　ですから、切腹《せっぷく》できないのであれば、例えば、断食《だんじき》をすればよいのです。聖職者みたいにね。

湯川遥菜　うーん……。断食は嫌《いや》ですよ。

大川隆法　そうしたら、誰《だれ》も殺されたことにはならないですから。あなたは、抗議《こうぎ》をして死んでいくことになります。

湯川遥菜　うーん……。だって、断食したって、何にも報道されないですもん。意味がないもん。

大川隆法　いいですよ。その代わり、今回のように、世界を争いに巻き込《こ》むことはなかったかもしれません。ガンジーだって、断食していますからね。

湯川遥菜　うーん。まあ、僕は、ガンジーは嫌《きら》いなんですよ。あれは、無抵抗《むていこう》主義な……。あんな行進ばっかりしても、意味ないじゃないですか。まあ、ムハンマドの、そういうところは認めますよ。軍隊を持って制すところは認めますけどね。

繰《く》り返される「これから家《うち》に帰る」という発言

里村　ただ、先ほどから、「イスラム教のなかは地獄だ」とか「悪魔だ」などと、いろいろと言っていますが、湯川さんも、これから、そういう場所、霊界《れいかい》に行くんですよ。

湯川遥菜　いやあ、僕は、イスラムのなんかには行きたくないよ。

里村　イスラムには行きたくないのですね?

湯川遥菜　絶対、行かないよ、あんなところは。〝悪魔の国〟にはね。

里村　これから、どういう世界に行きたいのですか。

湯川遥菜　どういう世界って……。ていうか、そもそも、え? なんか、何? どういう世界? 何を言ってる……。

綾織　これから、あの世のどこかに還らないといけないのですよ。

里村　どこに行くのですか。

湯川遥菜　帰る。家《うち》に帰るよ。家に帰るよ。

大川隆法　本当は、生きていた間、あの世のことなどは、あまり信じてなかったのではないですか。

湯川遥菜　うーん。何……。何を言ってんの。僕は家に帰るよ。

里村　日本のご自宅に帰って……。

湯川遥菜　うん。家族がいるし。

4 「ワールド・ジャスティス」を冷静に判断する目を

「核《かく》は反則技《わざ》だから使ってはいけない」と主張する湯川遥菜氏

大川隆法　言っておきますが、イスラム教国も、今回、敵と味方とに分かれていますけれども、少なくとも、「イスラム諸国には核《かく》兵器はない」んですよ。

湯川遥菜　はい。知ってますよ。

大川隆法　キリスト教国には、核兵器はたくさんあるんですよ。それから、ユダヤ教国にもありますから、（イスラム教国は）核兵器に囲まれているわけで、もし、完全な「悪魔《あくま》」と断定された場合には、同じようなこと、つまり、原爆《げんばく》を落とされるようなことや、核ミサイルを撃《う》ち込《こ》まれるようなことは起きるわけです。したがって、そこまで感情的にならないように、やはり、よくチェックはしなければいけません。ですから、「判定」でできるところは、「判定」でしなければいけないところもあるのです。

湯川遥菜　いや、核は〝反則技《わざ》〟なんですよ。核は使っちゃいけないんですよ。

里村　でも、あなたの今回の行動がきっかけで、今、使われかねないんですよ。

湯川遥菜　え？　使わないですよ。核は〝反則技〟です。

里村　実は、「戦闘《せんとう》に参加していない日本国民が殺された」ということが……。

湯川遥菜　違《ちが》う、違う。逆ですよ。核こそ、あいつら（イスラム国）に渡《わた》ったら、もう、世界は滅《ほろ》ぼされますからね。

里村　ただ、今は、「そういう最悪の場合もありうる」ということなんですよ。

湯川遥菜　あいつらに、どうやって核が渡るんですか。

里村　いや、核が使われる可能性も……。

湯川遥菜　アメリカは、核は使わないですよ。

里村　ええ。われわれも、使わないと願いたいですよ。ただ、気をつけないと、こういうことが度重《たびかさ》なると、大東亜《だいとうあ》戦争中の日本が「悪魔だ」とされ、それが、原爆を落とす口実になったのと同じようなことが、起きるかもしれないんです。

湯川遥菜　ええ?　そんなことはないでしょう。

里村　あるんですよ。

湯川遥菜　ええ？　そんなのはいかないでしょ。まずは戦闘だよ、戦闘。

里村　いや、立派に戦った日本の戦いですら、そのように置き換《か》えられて、そして、宣伝をかけられ、「悪魔の民族だから、そこには原爆を落としてもいいんだ。正当性があるんだ」というようにされたのです。それが歴史なんです。

湯川遥菜　うーん……。いや、でも、僕《ぼく》は、核は〝反則〟だな。うーん。〝反則技〟だ。使っちゃ駄目《だめ》だ。

日本には「中東と欧米《おうべい》諸国の仲裁《ちゅうさい》」をする役目がある

大川隆法　核を持っていない国たちは、一般《いっぱん》的には「弱者」なんですよ。

湯川遥菜　うーん。

大川隆法　客観的には互角《ごかく》な戦いではないので、気をつけないと、「そういう宣伝戦だけでやられてしまう」という危ないところがありますから、冷静でなければいけないし、やはり、日本などが、なるべく、それを仲裁《ちゅうさい》するなり、仲介《ちゅうかい》するなりしなければいけない部分があるわけです。

ですから、それで先走ってしまうと、そういう役目も果たせなくなるところはあるんですよ。

湯川遥菜　いや、だから、さっきから、僕は何度も言ってるでしょ。日本は、ちゃんと自衛隊を軍隊として、憲法を変えて、九条も改正するんですよ。

綾織　それ自体は大事なことだと思うのですが……。

湯川遥菜　それで、イスラム国と戦争したらいいんですよ。

里村　ただ、今、大川総裁がおっしゃったのは、「騎《き》兵隊《へいたい》の先頭を走っていくような、斬《き》り込み部隊がやるようなことをすれば、結果的には間違ってしまう。悪い結果を招きかねない」ということなのです。

湯川遥菜　間違わないですよ。悪いやつがいた……。

里村　そこについては、われわれとしても、安倍《あべ》政権に対して、少し、調整いただいたほうがいいかもしれないと思っています。

女性が自爆《じばく》テロを起こすまで追い込《こ》まれている「イスラム国」

綾織　あなたの行動をきっかけに、結局は、「たくさんの人が亡《な》くなる」ということが続いていきそうな状態になってしまっているのですが……。

湯川遥菜　いや、死ぬのは、あいつら（イスラム国）ですよ。僕ら日本人は死にませんよ。

綾織　いや、民間の人も、子供《こども》も、女性も亡くなってしまうわけです。

湯川遥菜　あのねえ、イスラムは、民間人だって怪《あや》しいですよ？

大川隆法　女性だって、爆弾《ばくだん》を巻いて行きますからね。これらは兵士になりますから。

湯川遥菜　うーん。危ないですよ。あいつらはねえ、民間さえ兵士に変える能力を持ってますからね。

大川隆法　ただ、はっきり言えば、「そこまで追い込《こ》まれている」ということも、事実ですからね。妊娠《にんしん》している女性が、腹にダイナマイトを巻いて行くぐらい、追い込まれているわけですから。それは「弱者」ですよ。はっきり言えば、それは、「弱者の戦略」です。

湯川遥菜　うーん。でも……。弱者なら、もう（サイドテーブルを一回叩《たた》く）、降伏《こうふく》すればいいじゃないですか。じゃあ、なんで戦うんですか。

大川隆法　ですから、防衛しているんですよ。彼らには、もう、逃《に》げるところはないのですから。行くところがないのです。

湯川遥菜　（サイドテーブルを何回か叩きながら）こんなの、防衛の戦い方としては最悪じゃないですか。

大川隆法　かつての日本も、本土決戦の場合には、みんな、そういうつもりでいたわけですから。

湯川遥菜　うーん……。

里村　あるいは、ユーゴの内戦のときにもありましたよ。「最後に、国連軍に対して対抗《たいこう》できないグループでは、女性がテロリストになる」という話がありました。

湯川遥菜　うーん、まあ……、うーん……。うーん……。「僕《ぼく》の行為《こうい》がきっかけとなって、日本が目覚めればいい」

里村　ですから、今回の湯川さんの行動がきっかけとなって、ある意味で、多くの人が……。

湯川遥菜　なんか、「きっかけ、きっかけ」って言うなよ。

里村　「きっかけ」といいますか、あなたの行動が種になって……。

湯川遥菜　いや、僕《ぼく》の行為《こうい》がきっかけとなって、やっぱり、日本が目覚めてくれるんですよ。

大川隆法　もちろん、安倍さんは、そちらのほうも使いたいと思うだろうと思いますよ。

湯川遥菜　そう、もう、使って……。安倍さん、使ってくれよ。俺《おれ》を使っていいよ。使っていい。

里村　ただ、われわれとしては、逆に、戦争のさらなる拡大に向かうような方向に利用されないよう、同時に、物事を冷静に見ないといけないということです。

湯川遥菜　いいじゃないですかあ。軍隊同士、戦ったらいいじゃないですか。君らは、あれか？　自分の子供たちを戦争に行かせるのは、惜《お》しいと思っとるのか。

里村　いや、誰《だれ》だって、そんなことは望んでいませんよ。

湯川遥菜　望んでないけど、やっぱり、国を守るためには、軍隊が戦わなきゃいけないじゃない。

里村　どうしても、そうなるときもあります。でも、そうならないように努力するのが、われわれの仕事だと言っているのです。

湯川遥菜　もう、限界ですよ、今の日本。限界ですよ。

里村　まだまだ、あります。

湯川遥菜　もう、もう（苦笑）、ないよ。もう、ないよ。

「イスラム国」に対しては極端《きょくたん》すぎる考え方を持つべきではない

大川隆法　私は、今の「イスラム国」が、本当に、「中東地域を支配し、ヨーロッパやアフリカまで支配して、大オスマン帝国《ていこく》を再興する」というのであれば、これは、かなりのマイナスが出るといいますか、被害《ひがい》が出る人のほうが多すぎますから、あまり賛成ではないのですよ。

湯川遥菜　うーん？

大川隆法　ただ、フセイン政権が倒《たお》れたことによって、今、スンニ派が、すごく迫害《はくがい》を受けていることは事実なので、やはり、「彼らが何とか生きていけるような体制をつくる」ということ自体については、国連とか、いろいろなところが入って考えてあげるぐらいの義務はあるとは思っています。そういう考えを持っているのです。

湯川遥菜　ふうーん……。

大川隆法　ただ、それが、あまり、極端《きょくたん》になりすぎるのはよくないと思います。「スンニ派を皆殺《みなごろ》し」などというようなのは、絶対によろしくないと思います。そういう考え方を持つべきではありません。

里村　本当に、「勝った、負けた」の繰《く》り返しではなく、「根本的解決のための行動もあるのだ」ということは、どうか、知っておいてください。

湯川遥菜　うーん……。

国連も機能しない今、「ワールド・ジャスティス」は難しい

湯川遥菜　いやあ、君らの話を聞いてると、なんか、もう、なんか……。

大川隆法　おそらく、そこまで考えていなかったのだろうと思います。

湯川遥菜　うーん……。

大川隆法　たぶん、そこまでの認識を持たずにされていた。

里村　それで、そちらに行ってしまったわけですね。

大川隆法　やりたいことがあって、体が動いたのだと思います。

湯川遥菜　うーん……。

大川隆法　やはり、世界が大きな力で動いているときには、個人の行動が、逆に利用されることがあるので、気をつけないといけないところはありましたし、安倍さんも、誘拐《ゆうかい》されていることを知っていただろうと思いますが、それで、ほかの国に頼《たの》んで解決してもらおうと思ったところが、逆に、火の手が上がってしまったような感じになってしまったのかもしれません。

湯川遥菜　うーん……。

大川隆法　これで、空爆が強化されて、殺される人が、また増えているはずです。やはり、「戦争には、（日本も）すでに一部参加している」と言わざるをえません。

湯川遥菜　うーん……。うーん……！

大川隆法　「ワールド・ジャスティス（世界正義）」は、本当に難しいことではあるのです。国連も、十分に機能しているとは言えない状態ですからね。

湯川遥菜　うーん……。

日本人人質《ひとじち》よりも沈着《ちんちゃく》冷静だった「イスラム国」の指導者たち

大川隆法　当会も、今、宗教として意見は述べようとはしているのですが、イスラムは非常に不利ですよ。「イスラム国」を〝退治〟したあと、次には、他のイスラム教国だって、順次、駆逐《くちく》される可能性がないわけではありませんから。

湯川遥菜　うーん……。

大川隆法　やられるかもしれません。（イスラム教国の）なかを分断しておいて、次は、順番に〝料理〟される可能性も、ないわけではないのです。

湯川遥菜　うーん……。

大川隆法　十字軍の最終決着を、本当に狙《ねら》っている可能性もあるので、そうであれば、「イスラム国」が言っていることも、一部、聞いておかなければいけない面も、あるかもしれません。

このあたりについては、ジャーナリストたちがみんな、公正中立とは、必ずしも言えないものがあるので、日本人が殺されたことに対しては残念ですが、それで、あまりにもカンカンになってやりすぎると、若干《じゃっかん》、情報が偏《かたよ》りすぎている可能性はあるのではないかと思います。

湯川遥菜　うーん……。

大川隆法　少なくとも、あなたがたが言っていることは過激でしたが、「イスラム国」の指導者のほうは、もっと沈着冷静《ちんちゃくれいせい》だったので、完全に信仰心《しんこうしん》がないとは思えない感じがあり、「自分たちは、やがて、白虎隊《びゃっこたい》のようにやられるだろう」ぐらいの自覚は、すでに持っているような感じはしました。

その意味では、犠牲者《ぎせいしゃ》になったことは残念ではありますが、「宗教戦争の難しさ」を理解していなかった部分については、やはり、多少の「落ち度」はあるのではないかと思います。確かに、気の毒とは思いますし、遺族の方々には申し訳ないとは思いますが、やはり、日本人がノコノコ行くべきところではなかったのではないでしょうか。

そのあたりについては、日本政府や日本のみなさん、世界のみなさまに迷惑《めいわく》をかけたところに対して、多少なりとも、「感謝」や「お詫《わ》び」の気持ちはあってもよいのではないでしょうかね。

湯川遥菜　うーん……。

里村　お父様が、少し、そういうお考えをお持ちですし、先ほど、「家に帰る」とおっしゃっていたので、どうか、家に帰って、今後の報道を見ていてください。

湯川遥菜　うーん……。

今回の事件によって「日本人の関心」は集められた

大川隆法　あと、当会はテレビ局ではありませんから、何でもかんでも流したいわけではないので。

湯川遥菜　うーん……。ええ、何、じゃあ、君たちは、僕をヒーローとして扱《あつか》ってくれないわけね。もう、無駄《むだ》死にして……。「無駄なことをして死んだ」っていうことを言いたいんだね。分かったよ。

綾織　「無駄死に」とは言いませんけれども……。

里村　いやいやいや、「ヒーロー」とか、そういうことではないんです。ヒーローだとか、ヒーローでないとか、そもそも、そんなことを言うつもりは、まったくありません。ただ、現代の大きな変換期《へんかんき》において、何かしらの……。

湯川遥菜　うーん。僕らは大事なことをしたっていうことは分かるでしょう。

里村　ええ、大事な役割を果たしたとは言える方向に歴史が行くように、私たちは頑《がん》張《ば》ります。

湯川遥菜　うん？　「歴史がそうなる」っていうことは？

里村　つまり、湯川さんとか後藤さんたちの行動、あるいは、こうした事件がきっかけで、少なくとも、後世には、「結局、こうしたことから平和が導かれた」と言われるように、頑張ります。

湯川遥菜　うーん。

大川隆法　少なくとも、「日本人の関心を集めた」ということについては、功績だとは思いますよ。それは認めます。

湯川遥菜　うーん……。

湯川氏には「父親の万感《ばんかん》の思い」を読み取ってほしい

綾織　ご自身としては、「家《うち》に帰られる」とのことなので、お父さんが考えられていることを、少し、読み取ってみてください。そして、自分が行《おこな》ったこと……。

湯川遥菜　うん？　ちょ、ちょっと、ちょっと、「読み取れ」って何なんですか。

里村　お父さんの話を聞いてください。

綾織　お父さんの気持ちが伝わってきますので。

湯川遥菜　うーん。

大川隆法　やはり、「ご迷惑をおかけしました」という言葉には、万感《ばんかん》の思いが入っていると思いますよ。

湯川遥菜　うーん……。

里村　ええ。ですから、お家に帰られて、お父さんの考えを聞いてみてください。

湯川遥菜　うーん……。

綾織　そして、「どういう迷惑をかけたのか」ということを、ご自身で考える期間を取られるのがよいと思います。

湯川遥菜　分からない。分からない……。うーん……。

「イスラム教は悪魔」と断定するにはキリスト以上の認識力が必要

大川隆法　気持ちとしては、日本がアメリカのような国であれば、自衛隊を派遣《はけん》してでも救出したいのですが、実際にしていたら、やはり、自衛隊だって、何十人も死んでいるぐらいのことは起きていると思うので、そんな簡単なことではなかったでしょう。

湯川遥菜　うーん……。自衛隊……。自衛隊だって、救出部隊があるでしょうが。何やってるんですか。

大川隆法　研究はしてるとは思いますし、今後もするだろうと思いますけどもね。

湯川遥菜　うーん。やってますよ。うん、うーん……。

大川隆法　少なくとも、インドネシアやマレーシアなどのイスラム圏《けん》に住んでいる日本人たちは、生きた心地《ここち》がしなくなってくるのは事実です。今後、気をつけないといけません。

湯川遥菜　うーん……。

大川隆法　そこまでは考えていなかったでしょうけどね。

里村　考えていなかったですね？

湯川遥菜　うーん。まあ、僕がやりたかったのは、さっき言ったとおりなんですから（サイドテーブルを二回叩く）。別に、世界がどうとかまでは、深くは……。まずは、取材に行っただけなんですよ。まずは、その会社を立ち上げる取材をしてたんです。

綾織　はい、分かりました。幸いに、今、日本に帰ってきていますので、ご自宅のほうに行かれたほうがよいと思います。

大川隆法　成仏《じょうぶつ》させられるような人がいるのかどうか知りませんが、ここで話を聞いてあげただけでも、だいぶ、気持ちは安らいだことだと思います。あとは、もし、関係のある方がお話しくださるようだったら、どうか、耳を傾《かたむ》けてくだされば幸いです。

湯川遥菜　うーん。

大川隆法　「イスラム教は悪魔だ」と断定するなら、イエス・キリスト以上の認識力は必要です。そのように、私は思います。

湯川遥菜　うーん。うん？

大川隆法　では、そういうことにしましょうか。

里村　ええ。（湯川氏に）お帰りください。

大川隆法　では、ありがとうございました（手を三回叩く）。

5 「イスラム国」について、考える材料を提供したい

世論にもマスコミにも「冷静さ」が必要

大川隆法　まあ、確かに難しいですね。

ただ、マスコミ全体を見ると……、特に日本の場合、村八分《むらはちぶ》になってもいけないので。もう、右から左まで、みな、「断固許さない」という論調が出てはいますし、外国もその色調ではあるけれども、これを、あまりにも過激になりすぎる口実には使われたくない気持ちがあります。

里村　はい。

大川隆法　当会は、世論《せろん》やマスコミの言っているようなことと、多少違《ちが》うようなことを言ってるかもしれませんが、「もう少し冷静になったほうがよい」ということを、言いたい気持ちはあります。

里村　はい。

大川隆法　分からないところ、理解できていないところがあるように思うのです。「怖《こわ》い」ですけれども、でも、ナイフよりも、やっぱり、ミサイルのほうが怖いですよ。そのへんは、理解していなければいけないとは思います。

里村　はい。

大川隆法　お気の毒だとは思うものの、あの世は実在の世界ですから、どうか、そちらの世界で悟《さと》っていただければありがたいと思います。この世は仮の世界ですので、「正義とは何か」ということなど、実際に経験のなかで、智慧《ちえ》を獲得《かくとく》していくための修行《しゅぎょう》の場であるので、この世にあまり執着《しゅうちゃく》しすぎず、来世《らいせ》に速《すみ》やかに移行されることを、心から祈《いの》っています。

宗教対立の構図の中で「考え方」を示したい

大川隆法　これは、難しいですね。当会が意見を言っても、受け入れられるかどうかは分かりませんが……。どうしますかね。

後藤さんの霊《れい》は『イスラム国』だけでは一方的だ」という意見で、「こちらも出せ」と言っていましたが、両方出してみますか。どうしますか。

里村　イスラム教のなかだけでも、宗派《しゅうは》間でぶつかりがあり……。

大川隆法　意見の違いがあります。

里村　さらに、ユダヤ・キリスト教 対 イスラム教の対立があるなかで、違う考え方をぶつけていくしかないと、私は思います。

大川隆法　そうですね。

里村「なぜ、イスラム教があり、キリスト教が存在してきたのか」というところを説明しきる仏法真理《ぶっぽうしんり》が、やはり必要だと思います。

大川隆法　例えば、ヨルダンはスンニ派であるにもかかわらず、「イスラム国」への空爆《くうばく》に参加していました。それは、「ヨルダンだけでは産業がないために、アメリカ軍とつながってなければならず、アメリカとの同盟関係が要《い》った」というようなことであれば、宗教が先か、この世の実利《じつり》が先か、多少分からない面もありますから。うーん。けっこう厳しいところですね。今後、扱《あつか》い方によっては、ものすごく泥沼《どろぬま》化する地域でしょう。はっきり言って、責任は重大だと思います。

里村　はい。

大川隆法　われわれに何ができるかは分かりませんけれども、少なくとも、「考え方を示してみる」ということで、材料を提供することはできるかとは思っています。

里村　はい。分かりました。ありがとうございました。

あとがき

二〇一五年は、「イスラムとは何か」について世界中が考える年になりそうだ。日本人の人質《ひとじち》を殺した「イスラム国」は、確かに今の局面をとらえれば、「悪魔《あくま》の化身《けしん》」（キャメロン英首相）に見える。ただ、イラクの現政権から排除されているスンニ派（イスラム国）の視点に立ってみると、絶対悪《ぜったいあく》と断罪できない面があることが分かる。

二〇〇三年からのイラク戦争で米軍などに殺されたイラク人は五十万〜六十万人（アメリカの複数の大学による調査）。うち民間人は七割にのぼるという。昨年八月からの米軍など「有志連合」による空爆でも民間人の死者は万単位にのぼるとみられる。欧米軍のミサイルに対し〝ナイフ一本〟で対抗しているが、今後、空爆が強化され、もっと多くの人々が〝虐殺《ぎゃくさつ》〟される――。

イラク人（スンニ派）の立場を日本人ならある程度理解できる。

戦前、日本とアメリカは中国の権益《けんえき》をめぐって対立。ルーズベルト大統領は対日貿易を制限し、最後は石油を日本に売らないと決めた。日本は「これでは生きていけない」とやむなく開戦した。アメリカは「日本はアジアを侵略《しんりゃく》する悪魔の国」だとして、ほとんどの都市を空襲し、広島・長崎に原爆を落とした。民間の犠牲者《ぎせいしゃ》は百万人に近いとされる。

アメリカ側の論理だけで世界が動かされ、「イスラム国」で何万人もの女性や子供たちが死んでいくのは避けなければならない。一方、欧米人や異教徒を奴隷《どれい》にしたり殺したりする「イスラム国」の支配地域が、南ヨーロッパやアフリカやアジアに拡大していくことも「悪」だろう。

「イスラム教は生まれてまだ千四百年の若い宗教」とある識者が語っていた。誕生して千四百年頃のキリスト教は、魔女狩《まじょが》りや異端派《いたんは》弾圧の真っ盛《さか》りで、数百万人が犠牲になっていた。その後、カトリックとプロテスタントの宗教戦争に突入し、十七世紀にやっと信教の自由が認められるようになった。

イスラム教も、これから百年以上かけて、キリスト教と同じようなプロセスをたどることだろう。

それを導けるのは、イスラム教圏とキリスト教圏を仲裁《ちゅうさい》できる立ち位置にいる日本だ。

イスラム教とキリスト教が共存《きょうぞん》できる「ワールド・ジャスティス」が、本書で明らかになってきている。日本人としてそれを受け止め、百年かけて実現していく覚悟を持つことが、犠牲となった後藤氏と湯川氏の無念が晴れる助けになると信じたい。

二〇一五年　二月二日

「ザ・リバティ」編集長《へんしゅうちょう》　綾織《あやおり》次郎《じろう》

『スピリチュアル・エキスパートによる徹底検証
「イスラム国」日本人人質事件の真相に迫る』　大川隆法著作関連書籍

『智慧の法』（幸福の科学出版刊）
『国際政治を見る眼』（同右）
『イスラム国〝カリフ〟バグダディ氏に直撃スピリチュアル・インタビュー』（同右）
『ムハンマドよ、パリは燃えているか。――表現の自由 vs. イスラム的信仰――』（同右）
『中東で何が起こっているのか』（同右）
『世界紛争の真実』（同右）
『イラク戦争は正しかったか』（同右）
『イスラム過激派に正義はあるのか』（同右）

里村英一（さとむら・えいいち）
1960年生まれ、新潟県出身。在京のテレビ局宣伝部を経て、1991年、幸福の科学に奉職。月刊「ザ・リバティ」編集長、幸福の科学グループ広報局長などを経て、現在、幸福の科学専務理事（広報・マーケティング企画担当）。ネット番組「THE FACT」メインキャスターも務める。

綾織次郎（あやおり・じろう）
1968年生まれ、鹿児島県出身。一橋大学社会学部を卒業後、産経新聞社に入社。村山政権から森政権まで首相官邸や自民党、社会党（社民党）などを担当。歴史認識問題や外交問題などを幅広く追った。2001年1月に幸福の科学に奉職。月刊「ザ・リバティ」編集部で、主に政治、国際政治などの分野を担当。2010年から編集長。

スピリチュアル・エキスパートによる徹底検証《てっていけんしょう》
「イスラム国《こく》」日本人人質《にほんじんひとじち》事件《じけん》の真相《しんそう》に迫《せま》る

2015年2月5日　初版第1刷

編　者　　里村英一・綾織次郎

発行所　　幸福の科学出版株式会社

〒107-0052 東京都港区赤坂2丁目10番14号
TEL(03)5573-7700
http://www.irhpress.co.jp/

印刷・製本　株式会社 東京研文社

落丁・乱丁本はおとりかえいたします

ISBN978-4-86395-645-2 C0030
写真：AFP＝時事

大川隆法 霊言シリーズ・世界の政治指導者の本心

中国と習近平に未来はあるか
反日デモの謎を解く

「反日デモ」も、「反原発・沖縄基地問題」も中国が仕組んだ日本占領への布石だった。緊迫する日中関係の未来を習近平氏守護霊に問う。
【幸福実現党刊】

1,400円

プーチン大統領の新・守護霊メッセージ

独裁者か? 新時代のリーダーか? ウクライナ問題の真相、アメリカの矛盾と限界、日ロ関係の未来など、プーチン大統領の驚くべき本心が語られる。

1,400円

オバマ大統領の新・守護霊メッセージ

英語霊言
日本語訳付き

日中韓問題、ＴＰＰ交渉、ウクライナ問題、安倍首相への要望……。来日直前のオバマ大統領の本音に迫った、緊急守護霊インタビュー！

1,400円

※表示価格は本体価格（税別）です。

大川隆法ベストセラーズ・国際政治・外交を考える

国際政治を見る眼

世界秩序《ワールド・オーダー》の新基準とは何か

日韓関係、香港民主化デモ、深刻化する「イスラム国」問題など、国際政治の論点に対して、地球的正義の観点から「未来への指針」を示す。

1,500円

「忍耐の時代」の外交戦略 チャーチルの霊言

もしチャーチルなら、どんな外交戦略を立てるのか? 〝ヒットラーを倒した男〟が語る、ウクライナ問題のゆくえと日米・日ロ外交の未来図とは。

1,400円

外交評論家・岡崎久彦 ―後世に贈る言葉―

帰天後3週間、天上界からのメッセージ。中国崩壊のシナリオ、日米関係と日ロ外交など、日本の自由を守るために伝えておきたい「外交の指針」を語る。

1,400円

幸福の科学出版

大川隆法「法シリーズ」・最新刊

智慧の法

法シリーズ
第21作

心のダイヤモンドを輝かせよ

現代における悟りを多角的に説き明かし、
人類普遍の真理を導きだす──。
「人生において獲得すべき智慧」が、
今、ここに語られる。
著者渾身の「法シリーズ」最新刊

2,000円

第１章　繁栄への大戦略
──一人ひとりの「努力」と「忍耐」が繁栄の未来を開く
第２章　知的生産の秘訣　──付加価値を生む「勉強や仕事の仕方」とは
第３章　壁を破る力　──「ネガティブ思考」を打ち破る「思いの力」
第４章　異次元発想法　──「この世を超えた発想」を得るには
第５章　智謀のリーダーシップ　──人を動かすリーダーの条件とは
第６章　智慧の挑戦　──憎しみを超え、世界を救う「智慧」とは

※表示価格は本体価格(税別)です。

大川隆法シリーズ・最新刊

「国際教養概論」講義

五大陸で数千万の人々に向けて英語説法を行い、ワールド・ティーチャーとして活躍する著者が明かす、真の国際人になるための条件。

1,500円

帝王学の築き方

危機の時代を生きるリーダーの心がけ

追い風でも、逆風でも前に進むことがリーダーの条件である――。帝王学をマスターするための智慧が満載された、『現代の帝王学序説』の続編。

2,000円

福音書のヨハネ イエスを語る

イエスが最も愛した弟子と言われる「福音書のヨハネ」が、2000年の時を経て、イエスの「奇跡」「十字架」「復活」の真相を解き明かす。

1,400円

幸福の科学出版

幸福の科学グループのご案内

宗教、教育、政治、出版などの活動を通じて、地球的ユートピアの実現を目指しています。

宗教法人　幸福の科学

一九八六年に立宗。一九九一年に宗教法人格を取得。信仰の対象は、地球系霊団の最高大霊、主エル・カンターレ。世界百カ国以上の国々に信者を持ち、全人類救済という尊い使命のもと、信者は、「愛」と「悟り」と「ユートピア建設」の教えの実践、伝道に励んでいます。

（二〇一五年二月現在）

愛

幸福の科学の「愛」とは、与える愛です。これは、仏教の慈悲《じひ》や布施《ふせ》の精神と同じことです。信者は、仏法真理をお伝えすることを通して、多くの方に幸福な人生を送っていただくための活動に励んでいます。

悟り

「悟り」とは、自らが仏の子であることを知るということです。教学《きょうがく》や精神統一によって心を磨き、智慧《ちえ》を得て悩みを解決すると共に、天使・菩薩《ぼさつ》の境地を目指し、より多くの人を救える力を身につけていきます。

ユートピア建設

私たち人間は、地上に理想世界を建設するという尊い使命を持って生まれてきています。社会の悪を押しとどめ、善を推し進めるために、信者はさまざまな活動に積極的に参加しています。

国内外の世界で貧困や災害、心の病で苦しんでいる人々に対しては、現地メンバーや支援団体と連携して、物心両面にわたり、あらゆる手段で手を差し伸べています。

年間約３万人の自殺者を減らすため、全国各地で街頭キャンペーンを展開しています。

公式サイト　www.withyou-hs.net

ヘレン・ケラーを理想として活動する、ハンディキャップを持つ方とボランティアの会です。視聴覚障害者、肢体不自由な方々に仏法真理を学んでいただくための、さまざまなサポートをしています。

公式サイト　www.helen-hs.net

教育

学校法人 幸福の科学学園

学校法人 幸福の科学学園は、幸福の科学の教育理念のもとにつくられた教育機関です。人間にとって最も大切な宗教教育の導入を通じて精神性を高めながら、ユートピア建設に貢献する人材輩出を目指しています。

幸福の科学学園

中学校・高等学校（那須本校）
2010年4月開校・栃木県那須郡（男女共学・全寮制）
TEL **0287-75-7777**
公式サイト **happy-science.ac.jp**

関西中学校・高等学校（関西校）
2013年4月開校・滋賀県大津市（男女共学・寮及び通学）
TEL **077-573-7774**
公式サイト **kansai.happy-science.ac.jp**

ハッピー・サイエンス・ユニバーシティ（HSU）
TEL **03-6277-7248**（HSU準備室）

仏法真理塾「サクセスNo.1」 TEL **03-5750-0747**（東京本校）
小・中・高校生が、信仰教育を基礎にしながら、「勉強も『心の修行』」と考えて学んでいます。

不登校児支援スクール「ネバー・マインド」 TEL **03-5750-1741**
心の面からのアプローチを重視して、不登校の子供たちを支援しています。
また、障害児支援の**「ユー・アー・エンゼル！」運動**も行っています。

エンゼルプランV TEL **03-5750-0757**
幼少時からの心の教育を大切にして、信仰をベースにした幼児教育を行っています。

シニア・プラン21 TEL **03-6384-0778**
希望に満ちた生涯現役人生のために、年齢を問わず、多くの方が学んでいます。

NPO 活動支援

ブログ **blog.mamoro.org**

いじめから子供を守ろうネットワーク

学校からのいじめ追放を目指し、さまざまな社会提言をしています。また、各地でのシンポジウムや学校への啓発ポスター掲示等に取り組む一般財団法人「いじめから子供を守ろうネットワーク」を支援しています。

公式サイト **mamoro.org**
相談窓口 **TEL.03-5719-2170**

政治

幸福実現党

内《ない》憂《ゆう》外《がい》患《かん》の国難に立ち向かうべく、二〇〇九年五月に幸福実現党を立党しました。創立者である大川隆法党総裁の精神的指導のもと、宗教だけでは解決できない問題に取り組み、幸福を具体化するための力になっています。

党員の機関紙
「幸福実現NEWS」

TEL 03-6441-0754
公式サイト hr-party.jp

出版メディア事業

幸福の科学出版

大川隆法総裁の仏法真理の書を中心に、ビジネス、自己啓発、小説など、さまざまなジャンルの書籍・雑誌を出版しています。他にも、映画事業、文学・学術発展のための振興事業、テレビ・ラジオ番組の提供など、幸福の科学文化を広げる事業を行っています。

アー・ユー・ハッピー？
are-you-happy.com

ザ・リバティ
the-liberty.com

幸福の科学出版
TEL 03-5573-7700
公式サイト irhpress.co.jp

THE FACT

ザ・ファクト
マスコミが報道しない「事実」を世界に伝えるネット・オピニオン番組

Youtubeにて
随時好評配信中！

ザ・ファクト 検索

入会のご案内

あなたも、幸福の科学に集い、ほんとうの幸福を見つけてみませんか？

幸福の科学では、大川隆法総裁が説く仏法真理をもとに、
「どうすれば幸福になれるのか、また、
他の人を幸福にできるのか」を学び、実践しています。

入会

大川隆法総裁の教えを信じ、学ぼうとする方なら、どなたでも入会できます。入会された方には、『入会版「正心法語」』が授与されます。（入会の奉納は1,000円目安です）

ネットでも入会できます。詳しくは、下記URLへ。
happy-science.jp/joinus

三帰《さんき》誓願《せいがん》

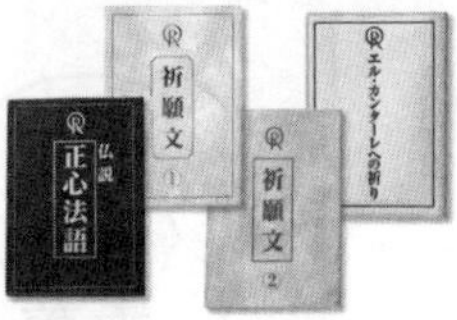

仏弟子としてさらに信仰を深めたい方は、仏・法・僧の三宝への帰依を誓う「三帰誓願式」を受けることができます。三帰誓願者には、『仏説・正心法語』『祈願文①』『祈願文②』『エル・カンターレへの祈り』が授与されます。

植福《しょくふく》の会

植福は、ユートピア建設のために、自分の富を差し出す尊い布施の行為です。布施の機会として、毎月1口1,000円からお申込みいただける、「植福の会」がございます。

「植福の会」に参加された方のうちご希望の方には、幸福の科学の小冊子（毎月1回）をお送りいたします。詳しくは、下記の電話番号までお問い合わせください。

月刊「幸福の科学」

ザ・伝道

ヤング・ブッダ

ヘルメス・エンゼルズ

INFORMATION
幸福の科学サービスセンター
TEL. **03-5793-1727**（受付時間 火〜金：10〜20時／土・日祝：10〜18時）
宗教法人 幸福の科学 公式サイト **happy-science.jp**